एक उम्मीद और

उपन्यास

एक उम्मीद और

अभिमन्यु अनत

राजकमल प्रकाशन

ISBN : 978-81-267-0773-7

मूल्य : ₹350

पहला संस्करण : 2003
दूसरा संस्करण : 2018

प्रकाशक : राजकमल प्रकाशन प्रा. लि.
1-बी, नेताजी सुभाष मार्ग, दरियागंज
नई दिल्ली-110 002

शाखाएँ : अशोक राजपथ, साइंस कॉलेज के सामने, पटना-800 006
पहली मंज़िल, दरबारी बिल्डिंग, महात्मा गांधी मार्ग, इलाहाबाद-211 001
36 ए, शेक्सपियर सरणी, कोलकाता-700 017

वेबसाइट : www.rajkamalprakashan.com
ई-मेल : info@rajkamalprakashan.com

मुद्रक : बी.के. ऑफसेट
नवीन शाहदरा, दिल्ली-110 032

EK UMMID AUR
Novel by Abhimanyu Anat

1

पहले एक स्पन्दन हुआ था।

और तब पैदा हुआ था वह पहला सवाल। इसके बाद कई सवालों का सिलसिला शुरू हो गया था। कहाँ था मैं ? इस तरह का खयाल इधर कई बार पैदा हुआ। इसके साथ और भी कई सवाल जिनमें एक का भी उत्तर मुझसे नहीं बन पा रहा था। मैं सवालों के चक्रवात में ही था कि मुझे किसी की आवाज सुनाई पड़ी।

—अँधेरा है, कुछ दिखाई नहीं पड़ रहा। बत्ती तो पहले जलाओ। इसके बाद इस मधुर आवाज से एकदम भिन्न कुछ मोटी सी आवाज आई।

—ठीक है। लो रोशनी आ गई। देखो तुम्हारे मुन्ने के लिए क्या लाया हूँ। फिर वह पहलीवाली सुरीली आवाज।

—गुड़िया ? पर अगर वह आपकी इच्छा के विपरीत हुआ और लड़की न होकर लड़का हुआ तो ? खैर जनमते ही उसे अपने लड़का या लड़की होने का बोध थोड़े ही हो जाएगा। वैसे भी मेरा छोटा भाई तो साल-भर का हो गया था और अपनी गुड़िया को अपने से चिपकाए रहता था।

—देखो प्रिया, हम दोनों के बीच यह तय था कि हमारा पहला बच्चा लड़की हो।

—आपकी चाह थी, मैं मान गई थी। पर लड़का हुआ या लड़की यह तो ऊपरवाले के चाहने से होता है। पर लड़का हो या लड़की मैं तो माँ ही रहूँगी और आप बाप ही रहेंगे और जनमनेवाला हमारी औलाद ही रहेगा।

धीरे-धीरे बात मेरी समझ में आने लगी थी।

मैं आवाजें तो सुन पा रहा था पर मुझे कुछ भी दिखाई नहीं पड़ रहा था। समझ में आ गया कि मैं अँधेरे में था। यह भी समझ सका कि देख पाने के लिए रोशनी की आवश्यकता होती है। पर यह रोशनी आएगी कैसे ?

कुछ देर बाद मैंने एक तीसरी आवाज सुनी।

—बहू ! तुम इस तरह झटके के साथ पलंग से न उठा करो। पेट के भीतर के बच्चे के लिए झटका अच्छा नहीं होता।

दोनों में बातें होती रहीं। मैं सुनता रहा। पहले भी कुछ-कुछ सुनता रहा था। समझना चाहता रहा था।

अब बात कुछ समझ में आने लगी।

मैं अपनी माँ के पेट में था। अभी मेरे जनमने में कई दिन बाकी थे। पर ये दिन

कितने लम्बे या छोटे होते हैं, इसका मुझे कोई आसार नहीं मिल सका। बाद में बस इतना जान सका कि सुबह होती है, दिन होता है, फिर रात होती है और फिर सुबह होती है। फिर दिन होता है, फिर रात होती है और फिर सुबह होती है, फिर दोपहर, फिर शाम, फिर रात, फिर दिन...।

मेरे अपने भीतर जनमने की इच्छा बढ़ती गई। अपने माँ-बाप को देखने की बेसब्री प्रबल होती गई। और जिस दिन अपनी दादी को माँ से यह कहते सुना कि उसने दुनिया देखी थी—मैं भी दुनिया देखने को बेताब हो गया।

दिन-रात बीतते गए और मैं दिन और रात के बीच का अन्तर जानने लगा। जब मैं अपने बाप को माँ का माथा चूमने और उस चुम्बन की धीमी आवाज को सुनता और माँ को यह कहते पाता—शाम को जल्दी लौटना—तो समझ जाता कि सुबह का वक्त था और दिन की शुरुआत थी। जब दादी को रामायण गाते सुनने को मिलता तो समझ जाता कि रात की शुरुआत हो रही थी। गहरी खामोशी जब छा जाती तो उसे रात मानकर मैं दिनवाली नींद से अधिक गहरी नींद में खो जाता। समय का अन्दाजा मुझे उस समय तनिक भी नहीं रहता जब रात में मेरे माँ-बाप देर तक बातें करते रह जाते। मैं भी जागता रहता फिर भी समय का सही अन्दाजा मुझसे नहीं हो पाता।

मेरी माँ को हमेशा मेरे बाप के सो जाने के बाद ही नींद आती थी। उस समय मेरी माँ मुझसे बातें करती रहती। मैं उसे सिर्फ सुन पाता और चाहकर भी उसकी बातों का कोई उत्तर नहीं दे पाता। पहला सवाल जो मैंने अपनी माँ से सुना था—तुम जनमने में देर क्यों कर रहे हो मुन्ने ? अभी कुछ क्षण पहले मेरी माँ ने मुझसे यह कहा था—मुन्ने, इस घर का हर आदमी तुम्हारे आगमन का बेसब्री के साथ इन्तजार कर रहा है।

मैंने अपने चाचा और छोटी फूफू के बीच अपने ऊपर बाजी भी लगते सुना—चाचा का दावा था कि उसे एक भतीजा मिलनेवाला था और फूफी को भतीजी पाने का यकीन था। दोनों के बीच चाचा के लिए नई कमीज और फूफू के लिए नई साड़ी का दाँव भी लग गया था। अब तक तो घर के हर एक सदस्य की पूरी जानकारी मुझे मिल गई थी। सात व्यक्तियों में जिनमें घर की नौकरानी सुजाता भी थी तीन चाचा के पक्ष में थे और दो फूफू के साथ। मैंने अपने आपसे यह जानना चाहा कि मैं लड़का था या लड़की पर कुछ तय नहीं कर पाया।

मैं जिन आवाजों को सुनता रहता था उनमें माँ की आवाज मुझे सबसे अधिक अच्छी लगती थी। कई बार घर के लोगों की आवाजों के अलावा मैं कुछ नई आवाजें भी सुन जाता था। ये उन लोगों की आवाजें थीं जो माँ से मिलने आते थे। ठीक मेरी माँ की तरह मुझे अपनी चाची की आवाज भी बहुत प्यारी लगी थी। माँ और चाची, जब बातें करती होतीं तो पता नहीं चलता कि कौनवाली माँ की आवाज थी और कौन चाची की। यह तो बाद में पता चला कि माँ और चाची दोनों चचेरी बहनें थीं। मेरी चाची मेरी माँ से तीन साल छोटी थी।

मैं यह जानने में लगा रहा कि क्या मेरे आगे-पीछे भी कोई जनमनेवाला था या कि

मैं अकेला था। अपनी माँ की बातों को सुन-सुनकर मैं यह चाहने लगा था कि मैं अकेला जनमूँ ताकि माँ जो कुछ मेरे साथ कहती रहती थी वे सब केवल मुझे ही मिलते रहें। वह बोलती—तुम्हें अपनी बाँहों में झुलाती रहूँगी—तुम्हें लोगों की नजरों से बचाती रहूँगी—तुम्हें अपनी आँखों का तारा बनाए रखूँगी। मैं इन सारी बातों का सही अर्थ न समझकर भी यह माने बैठा था कि वे मेरे लिए बड़े महत्त्व की बातें होंगी। शाम को माँ और दादी की बात से माँ कुछ हताश सी हो गई कि मेरे जनमने में अभी चालीस दिन बाकी थे। चालीस की संख्या का सही ज्ञान मुझे नहीं था पर जिस ढंग से दादी ने चालीस का उच्चारण किया था उससे वह छोटी अवधि प्रतीत नहीं हुई। इधर रात में जब माँ और मेरे बाप के बीच बातें होतीं तो अपने बाप की बातें मुझे कम सुनाई पड़तीं। इसका कारण मुझे तब पता चला जब मैंने अपने बाप को यह कहते सुना।

—...नहीं प्रिया, मुझे नीचे बिस्तर पर सोने में कोई तकलीफ नहीं होती। तकलीफ तो बस इस बात की होती है कि तुम मेरी बगल में नहीं होती हो।

माँ की बातें साफ सुनाई पड़ती थीं और पलंग के नीचे सोये मेरे बाप की बातों की सिर्फ हल्की झलक ही मिल पाती थी। अपने बाप की बातों का कुछ अंश माँ की बातों से समझ में आ जाता था। माँ की बातों से पता चलता रहा कि वह मेरी माँ को कितना चाहता था। उसका कितना खयाल रखता था। माँ बोली थी।

—आप मेरे ऊपर सभी कुछ निछावर कर जाने को तैयार रहते हैं और मैं हूँ कि आपका पहले जैसा खयाल नहीं रख पा रही।

—मेरे बच्चे का खयाल रखकर मेरे ही ऊपर तो खयाल रखती हो। पाँच लम्बे वर्षों की प्रतीक्षा के बाद यह सुनहला अवसर आया है। जानती हो प्रिया हम अपनी बच्ची को वकील बनाएँगे। नहीं, डॉक्टर बनाएँगे।

—और लड़का हुआ तो ?

—हमारी पहली औलाद लड़का होगी।

—हाँ, मैंने सोचा मेरा बाप यही कह गया होगा।

—इधर कुछ दिनों से माँजी मुझे गौर से देखते रहने के बाद बताऊँ क्या कहती हैं ?

मेरे बाप ने कुछ कहा पर मैं सुन नहीं पाया। लगा कि वह कोई बहुत छोटा सवाल रहा होगा तभी तो माँ तुरन्त कह उठी।

—उन्हें अब पूरा विश्वास हो गया है कि हमारा यह पहला बच्चा लड़का होगा ?

मेरे बाप ने कुछ कहा, फिर माँ बोली।

—अगमज्ञानी न सही पर जीवन का अनुभव तो है उनके पास।

—इसके बाद मुझे अपने बाप की खर्राटें सुनाई पड़ने लगी थीं।

2

अगले दिन घर के लोग नौकरी के लिए निकल चुके थे। मेरी दादी जो घर से बहुत कम निकलती थी मेरी माँ के पास आकर बोली।

—मैं मन्दिर जा रही हूँ बेटी। तुम कोई भारी काम मत करना, मैं भगवान को प्रसाद चढ़ाकर जल्दी ही लौट आऊँगी। सुजाता ! बहरी है क्या ? बहू को देखते रहना।

मैंने एक बार अपनी दादी को मेरी छोटी चाची से यह कहते सुना था कि भगवान हर जगह रहता है। इसलिए यह नहीं समझ पाया कि जब भगवान हर जगह होता है तो दादी हर गुरुवार को भगवान के दर्शन के लिए मन्दिर क्यों जाती हैं। मैं अपने आपसे पूछ बैठा।

—क्या हमारे घर में भगवान नहीं ?

मेरी दादी हर शाम रामायण का जो पाठ करती हैं उसमें माँ को शामिल करने के लिए कुछ दिन पहले बोली थी।

—प्रिया बेटी ! तुम भी आकर भगवान रामचन्दर की प्रतिमा के सामने बैठकर रामायण का पाठ सुन लिया करना। तुम्हारे और बच्चे—दोनों के लिए अच्छा रहेगा।

इससे तो साफ जाहिर था कि घर में भगवान था तो फिर घर के भगवान को छोड़ बाहर जाने की जरूरत दादी को क्यों पड़ती थी ?

पर मेरे इस प्रश्न का उत्तर मुझे कौन देता। दादी के जाने के थोड़ी ही देर बाद मैंने अपनी माँ को बातें करते सुना। पर वह किससे बात कर रही थी यह नहीं जान सका क्योंकि माँ जिससे बातें कर रही थी उसकी आवाज मुझ तक पहुँच नहीं पा रही थी। मैं माँ को थम-थमकर बोलते हुए सुनता जा रहा था।

—तुम्हें पहले ही बता चुकी हूँ कि हम दोनों के बीच ऐसा कोई रिश्ता बाकी नहीं जिसके लिए तुम्हारा मुझसे मिलना जरूरी हो।

—...।

—नहीं, एक क्षण के लिए भी ऐसा सम्भव नहीं हो सकता।

—...।

—मैं घर से बाहर निकलने की स्थिति में होती तो भी तुमसे मिलने नहीं आती।

मैं समझ नहीं पाया कि माँ जिससे बातें किए जा रही थी उसको मैं क्यों सुन नहीं पा रहा था। कहीं ऐसा तो नहीं था कि माँ अकेले में अपने आपसे बातें कर रही थी जैसा कि मुझसे करने की वह आदी थी। मेरा भी तो कोई जवाब नहीं होता था। तभी मैंने माँ को ऊँचे स्वर में बोलते सुना।

—तुमने यहाँ आने की कोशिश की तो मैं जान दे दूँगी।

मैं डर गया। अपनी माँ के पूरे बदन के काँप जाने की अनुभूति मुझे हुई। मैं भी काँप उठा। यह जान देनेवाली बात मैंने अपने चाचा से सुनी थी एक बार। वह बोले थे कि उसके दफ्तर की एक लड़की ने दफ्तर की खिड़की से कूदकर जान दे दी थी।

उसके साथ उसके पेट में जो बच्चा था वह भी मर गया था। मेरी दादी ने उसे डाँटते हुए कहा था कि वह अपनी गर्भवती भाभी के सामने आत्महत्या जैसी मनहूस बात क्यों बता रहा था। मैं चिल्ला-चिल्लाकर अपनी माँ से पूछता रहा।

—माँ, तुम अपनी जान क्यों देना चाहती हो। नहीं माँ...तुम ऐसा मत कहो...तुम जान दे दोगी तो मैं धरती पर कैसे पहुँचूँगा। तुम मुझे अपनी बाँहों में कैसे झुलाओगी ? कौन मुझे अपनी आँखों का तारा बनाएगा। कौन ? कौन माँ कौन ?

लेकिन जिस तरह मैं अपनी माँ से बात करनेवाले की आवाज नहीं सुन पाई ठीक उसी तरह मेरी माँ मेरी आवाज नहीं सुन पाई।

और मैं काफी लम्बे समय तक अपनी माँ की आवाज सुन पाने से महरूम रहा। केवल उसकी धड़कनें सुनता रहा। वह मेरी दादी की आवाज थी जो मैं सुन पाया।

--क्यों बहू, इस तरह उदास क्यों बैठी हो। लो भगवान का प्रसाद लो।

मेरी माँ की खामोशी बनी रही।

मैं उस बिन आवाजवाले व्यक्ति के बारे में सोचता रहा। अभी उस दिन मेरी माँ देर तक मुझे अपने और मेरे बाप के बारे में बताती रही थी फिर यह बताने लगी थी कि वे दोनों और उनके साथ-साथ इस घर का हर एक प्राणी मुझे कितना प्यार करेगा।

—बता नहीं पाऊँगी मुन्ने।

और फिर बोली थी।

—तुम भी सोच नहीं सकते।

पर अब तो मैं सोचने लगा था।

पहली बार जब मैंने रेडियो से संगीत और गाने सुने तो समझ ही नहीं पाया था कि वह क्या था। पहले तो सारा कुछ शोर-सा लगा था लेकिन जब अपनी माँ को धुन-से-धुन मिलाकर गाने गुनगुनाते सुना तो मुझे भी संगीत बेहद भाने लगा। मेरा अपने आपसे यह पूछते रहना बना ही रहता कि इतनी अच्छी लगनेवाली ये आवाजें क्या थीं। वह तो घरवालों की बातों ही बातों के दौरान रेडियो, संगीत, कासेट, टेपरेकॉर्डर, टेलीविजन तथा गाने आदि के शब्द सुनने-समझने के बाद ही कुछ समझ में आने लगा था। पर बहुत कुछ समझकर भी बहुत कुछ बिन समझे रह जाता था। मेरे बाप ने जब मेरी माँ को एक कासेट देते हुए कहा था कि उसमें लता मंगेशकर के बारह गाने थे तो मैं यह सोचने लगा था कि वह कितनी बड़ी टोकरी होगी जिसमें इतने सारे गाने समा सकते थे। अपनी दादी को मैं माँ से यह कहते कई बार सुन चुका था कि उसे भारी बोझ नहीं उठाना चाहिए। सोचता रहा आखिर माँ उन सभी गानों को कैसे थाम पाई होगी।

माँ के साथ-साथ मैं भी उन गानों को बार-बार सुनता रहता था। उन गानों में एक ऐसा भी गाना था जो मैंने जब भी सुना मुझे नींद आ गई। यहाँ तक कि जब माँ भी उस गाने को गुनगुनाती तो मैं सो जाता था। मैं उस वक्त हल्की नींद में सो रहा था जब गानों से भी तेज घनघनाहट हुई। जब वह घनघनाहट तीन-चार बार होती रही तो मैंने माँ को आवाज देकर छोटी चाची को कहते सुना।

—सुजाता ! फोन बज रहा है।

दूसरे ही क्षण वह घनघनाहट बन्द हुई और इस बार छोटी चाची की आवाज सुनाई पड़ी।

—दीदी, आप ही का फोन है।

मैंने माँ को पलंग पर से उठते महसूस किया। उसकी तेज धड़कनों को सुना फिर उसकी आवाज को।

—हैलो कौन बोल रहा है।

—...

फिर से माँ ही बोली।

—मैंने तुम्हें फोन करने से मना किया था।...नहीं, मैं एक सेकेंड भी तुम्हें सुनने को तैयार नहीं।

फिर दादी को कहते सुना।

—कौन है बहू ?

—गलत नम्बर मिल गया कोई।

माँ की आवाज के साथ ही झटके की आवाज हुई और फिर पूरी खामोशी।

रात में मेरी माँ और बाप के बीच बातें हो ही रही थीं कि मुझे नींद आ गई। एक चिल्लाहट से एकाएक मेरी नींद टूट गई। चिल्लाहट जारी रही। वह मेरे बाप की आवाज थी। फिर मेरी दादी की आवाज आई उतनी ही जोर की।

—तुम मुझे चुप रहने को कह रहे हो ?

इस बार मेरे बाप की आवाज कुछ धीमी पड़ी।

—तुम नाहक ही सिर पर आसमान उठा बैठी।

—तुम्हें गवारा हो सकता है पर मुझे यह गवारा नहीं हो सकता कि कोई पराया मर्द इस घर की बहू-बेटियों को बार-बार फोन करे।

—पर माँ प्रिया ने बताया न कि वह:..।

—यह जानना तो जरूरी है न कि वह क्यों फोन करता रहता है और हममें से किसी से बातें न करके केवल तुम्हारी पत्नी से बातें करना चाहता है !

—कारण बताया न कि वह प्रिया का...।

—तो वह हममें से किसी से बात तो कर सकता था ?

—पर उसे हमसे नहीं प्रिया से कोई काम होगा।

—कौन सा ऐसा काम हो सकता है जिसके लिए बार-बार फोन करता रहे ? उदय, आखिर तुम कब तक इस तरह की बात इस घर में होने दोगे।

मेरे बाप और मेरी दादी दोनों की आवाजें कुछ धीमी पड़ने से मुझे नींद आ गई और आगे की बातें मैं सुन नहीं पाया।

3

सुबह मैं अपने बाप को माँ के साथ बातें करते हुए सुनता रहा।

—तुम माँ की बातों का बुरा मत मानो प्रिया। इनके जमाने में तो टेलीफोन ही नहीं था और न ही उन्हें यह आजादी थी कि वे स्त्री-पुरुष के रिश्तों को अपने सीमित दायरे के बाहर लाकर समझ सकें।

यह टेलीफोन क्या है ? यह जानने की ख्वाहिश मेरे भीतर जोर पकड़ चुकी थी। माँ के साथ की जा रही अपने बाप की बातों को समझना चाहकर भी मेरे लिए आसान नहीं था। मेरी माँ चुप थी। मेरा बाप ही अपने मोटे स्वर में बोले जा रहा था।

—तुम्हारा भी उस व्यक्ति के साथ बेरुखी से पेश आना अच्छी बात नहीं। तुम उसे घर बुलाकर परिवार के सभी लोगों से मिलाने की बात क्यों नहीं सोचती।

बहुत देर से मुझे अपनी माँ की आवाज सुनने को मिली। उसकी हमेशावाली मीठी आवाज मुझे कुछ कम मीठी प्रतीत हुई।

—वह आदमी अब मेरे सामने आने के काबिल नहीं रहा।

माँ की बातें भी मुझे समझ से बाहर लगने लगीं। वह आगे बोलती गई। माँ के रुकते ही मेरे बाप ने कहा।

—उसकी वापसी और फोन की बात तुमने मुझे देर से बताई। डरती थी कि मैं...।

—डरती नहीं। मैं एक बात पूछूँ।

—पूछो।

—आप मेरी कितनी भारी भूल को माफ कर सकते हैं ?

—तुमने मेरी जितनी भूलों को माफ किया है।

—वे भूलें नहीं थीं।

—हो सकता है कि तुम भी जिसे अपनी भूल माने बैठी हो वह भूल न हो। और फिर तुम्हीं ने तो यह कहा था कि भूल और गुनाह दो अलग चीजें होती हैं और जब गुनाह माफ किया जा सकता है तो भूल तो फिर भी भूल होती है।

—भूल छोटी होती है और बड़ी भी। मेरी भूल...

—अगर तुम्हारी भूल बड़ी थी तो मुझे मत बताओ। पर इतना जान लो कि मेरे जीवन में आने से पहले की तुम्हारी कोई भी बड़ी भूल मेरे लिए कोई माने नहीं रखती।

पहली बार मेरे माँ-बाप ऐसी बातें किए जा रहे थे जो मेरे भीतर ऊब पैदा कर रही थीं। मैंने चिल्लाकर दोनों से कहना चाहा—ये किस भाषा में बातें किए जा रहे हो तुम दोनों—पर चिल्लाने से क्या लाभ...। वे तो मुझे सुन ही नहीं पाएँगे...। अगर सुन भी लें तो शायद मेरी भाषा भी उन दोनों की समझ में आए ही नहीं।

दोनों की बातें जारी रहीं।

मैं बस उन बातों को अनसुनी करके अब तक की सुनी सभी बातों के आधार पर

सोचने लगा...जन्म...धरती...घर-रिश्ते...संगीत-प्यार-गोद...अपने...पराए...क्या ये सारी चीजें देखने को मिलेंगी...पर ये चीजें होती क्या हैं ? बार-बार सुनता रहा हूँ...देखना-बोलना-बैठना-चलना-गाना-रोना-हँसना-अच्छा-बुरा...खाना-पीना...ये क्या होते हैं, कैसे होते हैं ? कल रात मेरी माँ बहुत दुखी थी...खुद मुझसे बात करती हुई बोली थी।

—...मुन्ने...आज मैं बहुत दुखी हूँ। काश ! तुम मेरी गोद में होते और मैं तुम्हारी मुस्कान देखकर अपने इस दुःख को भूल जाती। तुम्हें अपनी गोद में लेकर तो मैं दुनिया का सारा सुख अपनी गोद में पालूँगी...

कौन मुझे बताए कि दुःख क्या होता है, सुख क्या होता है। उसी से मुझे यह भी सुनने को मिला था कि मेरे जनमने में अभी पैंतीस दिन बाकी थे और यह पैंतीस भी हो सकता है और छत्तीस भी। गिनती का यह चक्कर भी मेरी समझ में बाहर की बात था।

अपनी माँ के पेट में कभी मैं अपने को अँधेरे में पाता कभी एक चकाचौंध उजाले में। कभी मेरी आँखें कुछ देख नहीं पातीं तो कभी मेरा मन देखने लग जाता उसी अँधेरे और उजाले की परिक्रमा को। और...और मैं फिर सोचने लग जाता यहाँ से जहाँ मुझे जाना था वह जगह क्या होगी, कैसी होगी। इधर तीन-चार बार मैं यह सुन चुका था—हमारी दुनिया-हमारा देश-हमारा शहर-नदी-समन्दर-पहाड़ ! वास्तव में ये सब क्या हो सकते हैं...क्या मैं इन अजूबों को देख पाऊँगा पर कब...?

मेरे बाप की गैरहाजिरी में मेरी दादी फिर मेरी माँ के पास आकर उसे दुखी कर जानेवाले सवाल करती रही। मेरी माँ चुप थी मेरी दादी बोलती जा रही थी।

—वैसे आदमी के साथ तुम्हारा सम्बन्ध बना ही क्यों ?

—...।

—क्यों तुम्हें साँप सूँघ गया है क्या ?

मैंने अपनी दादी को डाँटा ठीक उसी तरह जिस तरह उसने मेरी माँ को डाँटा था। उसकी डाँट से तो मेरी माँ सिसक उठी थी पर दादी पर मेरी डाँट का कोई असर हुआ ही नहीं। मैंने अपनी माँ से पूछा।

—यह मेरी दादी क्या बोले जा रही है ?

मेरी माँ ने भी ठीक मेरी दादी की तरह मेरी बात को अनसुनी कर दिया।

कुछ और खरी-खोटी सुनाकर मेरी दादी जब चली गई तब मेरी माँ ने मुझसे धीमे स्वर में बातें करनी शुरू की।

—मुन्ने ! अभी कुछ दिन पहले तुम्हारे जन्म की इस घर में जो खुशी थी अब वह खुशी जैसे कम होती रही है। तुम्हारे बाप को छोड़कर बाकी सभी लोग मुझे सन्देह की नज़र से देखने लगे हैं।

—सन्देह क्या होता है माँ ?

मेरी माँ अपनी धुन में बोलती गई।

—आज मन्दिर से लौटकर तुम्हारी दादी ने मुझे प्रसाद भी नहीं दिया। और न

ही...तभी माँ की बोली से अधिक जोर से घनघना उठी।

वही घनघनाहट !

मैं समझ गया कि फोन था वह। मेरा ऐसा समझना एकदम सही प्रमाणित होकर रहा जब मेरी दादी कर्कश स्वर में बोल गई।

—वही तुम्हारा वह रहा होगा। मेरी आवाज सुनते ही फोन काट दिया।

घंटी दोबारा बज उठी। मेरी दादी चिल्ला उठी।

—जा तू ही उठा। हमसे वह थोड़े ही बात करेगा।

घंटी बजती रही। बजती रही। दादी फिर बोली।

—ले मैं दूसरे कमरे में चली जाती हूँ। जा जी-भर के बातें कर ले। मैंने अपनी माँ को तेजी के साथ उठते हुए महसूसा। मुझे झटका सा लगा। दूसरे ही मिनट बाद फोन की घनघनाहट रुकी और मैंने अपनी माँ को पहली बार उस तेवर में बात करते सुना।

—हैलो, तुम यह हरकत बन्द भी करोगे या...

फिर एकाएक माँ का तेवर बदल गया और अपनी पहलेवाली मृदुलता के साथ उसने कहा।

—आप हैं ? पर...बात यह है कि मैं...क्या अभी दो मिनट पहले आपही ने फोन किया था ?...हाँ-हाँ, माँजी ने ही उठाया था...हाँ शायद आपकी आवाज आने से पहले ही उसने फोन रख दिया था।...हाँ, उनका शक था कि...ठीक है मैं माँजी को बुलाए देती हूँ...सुजाता आज काम पर नहीं आई है।

मैंने अपनी माँ को आवाज देकर दादी को बुलाते हुए सुना।

मेरी दादी तुरन्त नहीं पहुँचीं क्योंकि कुछ देर बाद ही मैं इसकी आवाज सुन सका।

—तुम थे ? तो फिर तुम बोले क्यों नहीं उदय ?

यह फोन तो मेरे लिए भी उलझन बनता गया।

धुँधलका धीरे-धीरे मिटता गया।

धीमी रोशनी फैलनी शुरू हुई। मेरे सामने कुछ स्पष्ट होना आरम्भ हुआ। एक झिलमिलाती आकृति और उसके साथ ही अब तक की रेडियो और टी.वी. से आनेवाले संगीत से भिन्न संगीत का थिरकन सुनाई पड़ा। दादी से सुना था मैंने कि आजकल रेडियो और टी.वी. से संगीत के नाम पर शोर सुनने को मिलता रहा है। मैं संगीत और शोर के बीच के अन्तर को समझना चाहकर भी नहीं समझ सका। तभी मेरी माँ के स्वर से भी मधुर स्वर सुनाई पड़ा।

—गौर से देखो। पहली बार देख पाने की शक्ति तुम्हें दी जा रही है; इस नए जन्म में जो तुम लेने जा रहे हो।

रोशनी की झिलमिलाती किरणों के बीच से अधिक तेज रोशनी लिये कई किरणें एक मनमोहक आकृति मेरे सामने स्पष्ट हो आई।

—ध्यान से सुनो। मैं तुम्हारी आन्तरिक शक्ति हूँ। मैं जब-जब तुम्हारे सामने प्रकट होऊँगा तुममें मेरी आकृति देख पाने की योग्यता आ जाएगी। विरले ही यह दृष्टि मैं किसी को देता हूँ। अपने जन्म से पहले तुम अपने पिछले जन्म के कुछ ऐसे दृश्य देख पाओगे जिससे तुम्हें यह अहसास अपने आप हो जाएगा कि तुम धरती पर अपनी आन्तरिक शक्ति से कहीं अधिक अपनी बाहरी ताकत के दास रहे। तुम मुझसे कुछ पूछना चाह रहे हो। पूछो।

—मैं इस आनेवाले जन्म से पहले भी जन्म चुका हूँ ?

—हाँ, और उसमें तुम असफल रहे। मैं जीवों के साथ धरती पर इसलिए रहता हूँ कि वे सुन्दर और सुखद धरती को और भी सुन्दर और सुखद बना सकें। कुछ ही लोग अपने इस कर्त्तव्य का पालन कर पाते हैं। समय के साथ यह संख्या और भी कम होती जा रही है। मैं तुम्हें एक और अवसर दे रहा हूँ कि तुम अपने पिछले जीवन की भूलों को माँ के पेट में ही स्वीकार लो और नए जीवन में उन भूलों को सुधारने का प्रण बना लो। मैं तुम्हें आनन्द नाम से पुकारूँगा क्योंकि तुम्हारे जनमने पर तुम्हारे माँ-बाप तुम्हें यही नाम देंगे। घर पर तुम्हें वे लोग आनन्द नाम से पुकारेंगे और जन्मपत्री पर तुम्हारा नाम प्रेम होगा। तुम फिर कुछ कहना चाह रहे हो।

—क्या तुम वही हो...।

—हाँ, मैं वही हूँ जिसकी गुहार हर संकट के समय घर-घर में होती तो है पर शायद किसी घर में कोई ऐसा पैदा होता है जो अपने जन्म और अपने जीवन को सार्थक कर पाता है। प्रायः सभी कर्जदार के कर्जदार रह जाते हैं। जन्म से मृत्यु तक धरती पर भेजे ये लोग धरती, आकाश, समुद्र, हवा, सूरज इन सभी से उधार लेकर जीते रहते हैं पर भूल जाते हैं कि कर्ज लेनेवाले को कर्ज भरना भी पड़ता है। तुम फिर कुछ पूछना चाह रहे हो। तुम्हें जीवन-भर प्रश्न करने का अधिकार रहेगा पर अभी तुम केवल सुनते रहने की चेष्टा करो। सुनने और समझने की। समझने और अमल करने की। अपने अतीत को देखने के लिए तुम अधीर हो रहे हो। है न ?

—हाँ।

—तुम अपने पिछले जन्म के कई दृश्य देख पाओगे पर अभी नहीं। तीन दिन बाद मैं तुम्हारे सामने फिर आ रहा हूँ। जब भी आऊँगा इसी रूप में आऊँगा इसी झिलमिल आकृति में।

—तुम्हारी आकृति झिलमिल थोड़े ही है। वह तो मुझे चकाचौंध करने लगी है।

—इसका यह मतलब हुआ कि इससे आगे मुझे अंगीकार करने की शक्ति तुझमें नहीं है। यही कारण है कि हमारी इस भेंट में मैं तुम्हारा अतीत तुम्हारे सामने नहीं ला सकता। तुम न तो देख पाओगे और न ही उसे समझ पाओगे। बस जाने से पहले तुम्हें एक बात से सावधान किए जा रहा हूँ। धरती पर आदमी जहाँ वरदान लिये जनमता है वहीं अभिशाप भी उसके पीछे-पीछे रहता है। अवसर मिला और वह आदमी को अपने चंगुल में फँसा कर ही रहता है। उसमें फँसना या उससे अपने को मुक्त रखना यह

आदमी के अपने हाथ में होता है। रोशनी मिटते ही तुम मुझसे सुनी सारी बातें भूल जाओगे मेरी आकृति अब तुम्हें तब ही याद आएगी जब, अगली बार, मैं तुम्हारे सामने होऊँगा।

और वह आकृति अपने स्वर के साथ दूर जाती सी प्रतीत होती रही और फिर एकाएक ओझल हो गई। जो कुछ सुना-देखा सभी बिसर गए। मैंने अपनी माँ के पेट से अपने बाप की आवाज सुनी।

—प्रिया !

4

रात में मेरी दादी और मेरे माँ-बाप के बीच एक बार फिर ऊँची-नीची, नीची-ऊँची आवाजों में बातें होती रहीं। उस लम्बी कहा-सुनी के बीच मेरी माँ ने दो ही बार बात की थी। एक बार मेरे बाप से बोली थी।

—माँजी के साथ इतनी ऊँची आवाज में बात मत करो।

दूसरी बार मेरी दादी से बोली थी।

—नहीं माँजी, इस घर में ऐसा कुछ नहीं होगा जिससे मेरे स्वर्गवासी ससुरजी की प्रतिष्ठा कम हो।

ये दो नए शब्द जो पहली बार मैंने सुने और बिन समझे रह गया—स्वर्गवासी और प्रतिष्ठा। जिस तरह से माँ ने इन दोनों शब्दों का उच्चारण किया था उससे तो ऐसा ही लगा था कि ये दोनों शब्द बहुत बड़े अर्थ रखनेवाले शब्द थे।

मेरी दादी अपना अगला वाक्य बड़ी तीखी आवाज में बोल गई थी।

—आईन्दा उस आदमी का फोन आया तो मैं ही इस घर को छोड़ जाऊँगी।

थोड़ी दूरी से आई मैं अपनी चाची अंजू का स्वर सुन पाया था।

—माँजी, आप तो छोटी सी बात को बतंगड़ बनाते जा रही हैं।

यह बतंगड़ शब्द भी मैंने पहली बार सुना।

मुझे लगा कि दादी जो कि कमरे से निकल चुकी थी फिर लौट आई तभी तो मैं उसको इतनी नजदीक से सुन सका।

—बहू ! तुम मेरी बातों का बुरा मत मानना, पता नहीं कभी-कभी मैं क्या-क्या बोल जाती हूँ।

—आपका पूरा अधिकार बनता है माँजी।

—मेरी एक बात मनोगी ? तुम आज से उस व्यक्ति से न तो बात करोगी और न ही उसका फोन उठाओगी।

—मैं फोन को हाथ लगाऊँगी ही नहीं।

माँ पलंग पर बैठी थी और मुझे लगा कि मेरा बाप भी नीचे के बिस्तर पर न होकर

चारपाई पर ही बैठा हुआ था तभी तो उसकी बातें इतनी स्पष्ट सुनाई पड़ रही थीं। उसकी आवाज से लगता था कि वह नींद पर काबू पाने की कोशिश करते हुए बोल रहा था। दो जम्हाइयों के बाद तीसरी जम्भाई के साथ उसने आगे कहा।

—मेरी माँ को खानदान के नाम का इतना अधिक खयाल इसलिए रहता है क्योंकि मेरा बाप दिन-रात की अथक मेहनत के बाद ही इस घर को कुछ बना पाया। पर इससे भी बड़ी बात यह है कि मेरे बाप ने मेरी माँ को नया जीवन दिया था। कई बार चाहा था कि मैं तुम्हें बता कर रहूँ कि मेरा बाप क्या था और मेरी माँ क्या थी। मेरा बाप...

मैंने अपनी माँ को अपने बाप की बात को काटकर कहते सुना।

—मुझे आपके परिवार की कहानी मालूम है।

—क्या ?

—मैं जानती हूँ कि मेरे ससुर देश के सबसे बड़े मन्दिर के पुजारी के बेटे थे। मेरी सास सिनेमाघर के सामने मूँगफली और चने बेचनेवाले गरीब बाप की बेटी थी। गाँव के एक दूसरे गरीब लड़के के साथ उसकी घनिष्ठता बढ़ जाने के कारण उसका बाप नहीं चाहता था कि दो गरीब जुड़कर और भी बड़े गरीब बनकर रह जाएँ। वह दोनों का मिलना-जुलना बन्द कराके रहा। एक दिन गाँव की कुमुद भौजी मेरी सास को यह कहकर अपने घर ले गई कि लालमन से मिलाएगी। यह जानते हुए भी कि कुमुद भौजी गाँव की बदनाम औरत थी मेरी सास अपने प्रेमी से मिलने के लोभ से अपने को नहीं रोक सकी। वहाँ पहुँचने पर मेरी सास का वहाँ अपने लालमन की जगह एक अधेड़ फ्रांसीसी सैलानी से आमना-सामना हुआ। कुमुद भौजी का घर गाँव की आबादीवाले भाग से कुछ दूरी पर समन्दरवाले रास्ते पर था। उस सुनसान ठौर के उस बन्द कमरे में मेरी सास का बलात्कार हुआ। मेरी सास के बाप को पाँच हजार रुपए देकर उसे खामोश कर दिया गया और...

—बस करो प्रिया...।

मेरे बाप के टोक देने पर मेरी माँ चुप हो गई। मेरा बाप भी चुप रहकर आगे बोला।

—तुम्हें ये बातें किसने बताईं ?

—मेरी सास एक रात अपने बाप का घर छोड़कर लालमन के घर पहुँचीं। लालमन को सारी बातें बताकर वह उसके पाँवों पर गिर गई। उसका वह प्रेमी उसे उस हालत में स्वीकारने को तैयार नहीं हुआ। बोला कि वह रात वहीं बिताकर कल सुबह बस्ती के लोगों के जागने से पहले वहाँ से चली जाए। लालमन के माँ-बाप इस बात के लिए भी तैयार नहीं हुए। उसी रात मेरी सास वहाँ से मन्दिर के आँगन में पहुँचकर आम के पेड़ के नीचे रात बिताने बैठ गई...

—यह कहानी तुमने किससे सुनी ? किसने बताई तुम्हें ये बातें ?

—मेरी सास ने।

—कब ?

—कई महीने पहले। एक रात जब घर के सभी लोग वैभवी के यहाँ शादी में गए थे। मैं और माँजी इसी पलंग पर एक साथ सो रहे थे। नींद से पहले माँ ने मुझे यह कहानी सुनाई थी।

—हाँ प्रिया। यही कारण है कि माँ इस तरह की बातों से आज भी इतनी डरी-सहमी रहती हैं। वह नहीं चाहतीं कि जिस बेआबरू लड़की के लिए ब्राह्मण के एक लड़के ने अपने घर-परिवार छोड़कर उसे इज्जत दी, जीवन दिया और मरते दम तक प्यार किया उसकी प्रतिष्ठा...।

—मेरे ससुर के बारे में गाँववाले भी जो बताते हैं उससे मुझे बेहद गर्व होता है और मैं उस गर्व को कभी भी गँवाना नहीं चाहूँगी। मैं अपनी सास को भी दुखी देखना नहीं चाहती क्योंकि मेरी सास की कहानी से मेरी कहानी भी कम दर्दनाक नहीं। आप सुनने की हिम्मत जिस दिन बना लेंगे मैं आपको सुना कर रहूँगी। पर विदेश से लौटे इस आदमी से मेरा कुछ भी लेना-देना नहीं।

—मैंने तुम्हारे अतीत से नहीं तुम्हारे वर्तमान और तुम्हारे भविष्य से शादी की है। हम दोनों का भविष्य तुम्हारे गर्भ में है। मेरे अपने पास तो बस मेरा संकल्प है।

आज और भी बड़े-बड़े शब्द बोले गए जो मेरी समझ से बाहर रहे। मेरे बाप को जम्हाई आने लगी और धीरे-धीरे दोनों की बातें अनसुनी होती रहीं।

5

रात ही में माँ बता चुकी थी कि उसे पाक्षिक चैक-अप के लिए पोर्टलुई अपने डॉक्टर के यहाँ जाना था। डॉक्टर तो खैर मेरी समझ में आ गया था पर यह चैक-अप क्या बला था यह तो कल ही जान पाऊँगा। रात जब मेरे बाप के सो जाने से पहले मेरी माँ उससे बोली थी कि इधर कुछ दिनों से वह कुछ अधिक व्हिस्की लेने लगा था तो मेरा बाप हँसकर बोला था कि मेरे जन्म की देरी से हो रही बेसब्री से बचने के लिए दो पैग से तीन हो गया था। कानों को एक सुखद अनुभूति दे जानेवाली एक रिमझिम-रिमझिम ध्वनि सुनाई पड़ी थी। अपने माँ-बाप की बातों से पता चला था कि छः महीने बाद वह गर्मी के मौसम की पहली वर्षा थी। मैंने सोचा जब सुनने में वर्षा की वह आवाज इतनी प्यारी थी तो उसे देखने में तो और भी आनन्द आएगा।

मेरे बाप के सो जाने के बाद मेरी माँ ने मुझसे बातें शुरू करते हुए कहा था।

—मुन्ने ! कल उस आदमी का फोन फिर आया था। तुम्हारे पापा की आवाज सुनते ही उस व्यक्ति ने फोन काट दिया था। वे उस बात और उस व्यक्ति को लेकर काफी विचलित हैं। तुम्हारे बाप ने शादी से पहले कभी शराब को हाथ नहीं लगाया था। नए साल की खुशियों के अवसर पर तुम्हारे ननिहाल में पहली बार तुम्हारे बाप ने तुम्हारे मामा के हाथ से व्हिस्की का गिलास थामा था।

मैं कई बार पूछ उठा कि वह व्हिस्की होती क्या है ? एक बार माँ को जब हिचकियाँ आ रही थीं तो मैंने अपने बाप को उससे कहते सुना था।

—थोड़ा पानी पी लो प्रिया हिचकी मिट जाएगी।

मैंने सोचा हिचकी और व्हिस्की में कोई समानता जरूर होगी। खैर। मेरे बाप की खर्राटों के बीच मेरी माँ मेरे प्रश्न को हमेशा की तरह अनसुनी छोड़ अपनी ही बात बोलती गई।

—जिस आदमी के कारण तेरे पापा इतने विचलित हैं कोई नौ-दस वर्ष पहले मैं उसके साथ शहर की एक फैक्टरी में काम करती थी।

वर्षा की आवाज तेज होती गई और मेरी माँ की आवाज धीमी पड़ती गई। फिर तो मुझे भी नींद आने लगी।

अगले दिन जब दादी के साथ अपने डॉक्टर के यहाँ जाने के लिए माँ चाचा की कार में बैठने को हुई तो दादी ने उसे सावधान करते हुए कहा।

—धीरे-धीरे...झटके के साथ नहीं।

उसी स्वर में दादी ने मेरे चाचा को भी आगाही दी।

—देखो उमेश, एकदम धीरे-धीरे कार चलाना होगा।

इससे पहले मैं दो बार कार की यात्रा कर चुका था। दोनों बार दादी को लगभग इसी लहजे में मेरी माँ और चाचा दोनों को सावधान करते सुन चुका था। यात्रा के दौरान तरह-तरह की आवाजों के बीच सारी बातें मेरा चाचा ही करता रहा। दो-तीन बार मेरी दादी को उससे कहना पड़ा।

—हमें तुम्हारे फूटबॅल से न कोई मतलब है और न ही तुम्हारी नई देखी फिल्म से। बातें कम करो और अपनी ड्राइविंग पर अधिक ध्यान दो।

थोड़ी देर चुप रहकर मेरे चाचा ने अपनी बातें फिर से शुरू कर दीं और करता ही रहा, जब तक हम लोग डॉक्टर के यहाँ न पहुँच गए। मेरा चाचा यह कहकर चला गया कि वह अपने दफ्तर का एक जरूरी काम निपटाकर घंटे-भर में हमें लेने आ जाएगा। पन्द्रह-बीस मिनट बाद ही मैं डॉक्टर की आवाज सुन पाया। मेरी दादी के एक ही साथ के तीन प्रश्नों का उसने एक ही उत्तर देते हुए कहा।

—सभी कुछ ठीक है चिन्ता की बात नहीं।

मुआईने के बाद डॉक्टर बोला।

—मैं दो दवाएँ लिख रहा हूँ। सामने ही दवाखाना है आप वहाँ से ले लें।

मेरी दादी की हिदायत पर मेरी माँ डॉक्टर के वेटिंग रूम में बैठकर चाचा के लौटने का इन्तजार करने लगी। जाते-जाते दादी बोल गई।

—मैं यूँ गई, यूँ आई।

प्रतीक्षा कक्ष में और भी कुछ लोग थे जो एक ही साथ अलग-अलग विषयों पर बातें कर रहे थे। उसी शोरगुल के बीच मैंने एक भिन्न आवाज सुनी।

—तुम्हारे घर से मैंने तुम्हारी कार का पीछा किया है।

और पहली बार मैंने अपनी माँ का उस तरह भयभीत स्वर सुना।

—तुम मेरे सामने आने की हिम्मत कर सके ! मेरे साथ मेरी सास...।

—उसके हटते ही तो मैं तुम्हारे पास पहुँचा।

—तुम यहाँ बैठ नहीं सकते।

—बैठ तो गया।

मेरी माँ की इस चीख पर जो बातें अन्य-मरीजों के बीच हो रही थीं वे एकाएक रुक गईं। वह नई आवाज फिर सुनाई पड़ी।

अगर तुम तीन दिन के भीतर मुझसे इस नम्बर पर फोन करके बातें नहीं करोगी तो मैं तुम्हें कहीं का नहीं छोड़ूँगा। मैं फ्रांस से बहुत सारा रुपया कमा कर लौटा हूँ। ठाठ की जिन्दगी दूँगा तुम्हें। मैं चिल्ला उठा।

—ये कौन है तू मेरी माँ से इस तरह बात करनेवाला ?

लोगों में कानाफूसी शुरू हो गई। मैंने अपनी माँ को अपनी जगह से उठते हुए महसूस किया। फिर वही आवाज।

—तुम कहीं नहीं जाओगी। मैं खुद जा रहा हूँ। तुम्हारे हाथ के बैग में मैं अपना कॉर्ड रख चुका हूँ। मुझे तुम्हारे फोन का इन्तजार रहेगा। बाई-बाई।

—मैं अपनी माँ की धड़कती तेज साँसों को सुनता रहा।

6

मैं अपनी माँ और चाची की बातें सुनता रहा।

मुझे तो पहले ही यह मालूम हो गया था कि मेरी माँ और मेरी चाची दो चचेरी बहनें थीं। माँ से यह भी सुन चुका था कि मेरे बाप की ओर से अंजू मेरी चाची थी और माँ के परिवार की ओर से मेरी मौसी। जो बातें मेरी समझ से बाहर की होतीं उन्हें अब मैं समझने का प्रयास भी छोड़ चुका था। यह मान बैठा था कि माँ के कहे अनुसार वक्त के साथ मैं सभी कुछ स्वयं समझते जाऊँगा। पर हाँ यह बात मैं शीघ्र-से-शीघ्र समझना चाहता था कि आखिर क्या कारण था कि मैं माँ की बातें सुन सकता था और वह मेरी एक भी बात नहीं सुन सकती थी और न ही मेरे प्रश्नों का कोई उत्तर दे पाती थी।

माँ को दुखी जानकर उसको सिसकियाँ लेते पाकर कल मैंने उससे कहा था कि वह इस कदर दुखी क्यों थी। क्यों मेरी चाची से यह कहती रहती थी कि वह अपनी पूरी कहानी का वह हिस्सा मेरे बाप को कैसे सुना पाएगी। बोली थी।

—अंजू, जो आदमी मुझे इतना अधिक प्यार करता है उसे पाँच वर्ष बाद भी मैं अपने जीवन की सच्चाई नहीं बता पाई।

यह सुनकर मैं माँ से उसी क्षण बोल गया था कि क्यों वह मुझे अपने जीवन की

वह सच्चाई सुनाती है। आज मुझे हैरानी हुई कि कल की मेरी दरख्वास्त को आज मेरी माँ गोया कि मानकर मुझे अपनी जिन्दगी की अनकही बातें बताने लगी। माँ के स्वर में टीस थी। वह पहले जैसी थिरकन नहीं थी। मैं ध्यान से सुनने लगा।

—मैं पहले तुम्हें अपने और तुम्हारे बाप के बारे में बताने जा रही हूँ मुन्ने। तुम्हारे बाप को मैंने पहली बार तब देखा था जब वह तुम्हारे चाचा के लिए लड़की देखने अपने परिवार के साथ हमारे घर आए थे। मेरे चाचा का घर हमारे घर की ठीक बगल में था और चूँकि हमारा घर चाचा के घर से कुछ बेहतर था इसलिए मेरे पिताजी और चाचाजी ने यह तय किया कि मेहमानों को हमारे ही घर बिठाया जाए। तुम्हारे पापा के परिवार को मेरी बहन अंजू देखते ही पसन्द आ गई पर उसी दौरान एक और बात होकर रही। तुम्हारी दादी और तुम्हारे बाप की नजर मुझ पर पड़ी और तुम्हारी दादी मेरे परिवार से उसी क्षण बोल उठी थीं कि उसे दोनों लड़कियाँ चाहिए। छोटी लड़की छोटे बेटे उमेश के लिए और बड़ी उदय के लिए। तुम्हारी दादी की इस बात से मेरा परिवार भारी असमंजस में पड़ गया, उस समय तो कुछ नहीं बोल पाए पर सप्ताह बाद जब मेरे परिवार के लोग लड़के का घर देखने गए तो वहाँ मेरा बाप उन्हें बता दिए कि मैं पहले से शादीशुदा थी।

माँ आगे बोलती कि सुजाता की आवाज सुनाई पड़ी।

—दीदी, तुमने खाने से पहलेवाली अपनी दवाई अभी तक नहीं ली। खाना तैयार है तुम दवा तो ले लो।

माँ बोली।

—बाद में ले लूँगी सुजाता। अभी तो मैं अपने मुन्ने को अपनी कहानी सुना रही हूँ।

—मुन्ना थोड़े ही सुन पाएगा।

—क्यों नहीं सुन पाएगा। जब महाभारत में अभिमन्यु माँ के पेट ही में अपने बाप से चक्रव्यूह की बातें सुन और सीख सकता था तो...

—दीदी, वे सब तो कल्पना की बातें ठहरीं। चलो दवा पी लो। लो अंजू दीदी भी आ गईं। सन्नाटा। फिर माँ के दवा पीने का अहसास हुआ मुझे और माँ की आवाज सुनने को मिली।

—अभी मुझे भूख नहीं। खाना बाद में खाऊँगी। अंजू तुम्हें याद है जब मुन्ने का बाप उमेश के साथ हमारे घर पहली बार आए थे ?

—यह भुलानेवाली बात है क्या ? बहनोई तुम्हें देखकर उसी घड़ी तुम्हारा दीवाना हो गया था। शायद तुम उन दिनों की कुछ बातें हैं जो भूल गई हो पर मैं नहीं भूली।

—सुनूँ तो सही कि वे कौन सी बातें हैं.जो मैं भूल गई तुम नहीं भूली हो।

—तुम्हारी उस पहली शादी के एक ही साल बाद जब भूपेन अधिक पैसा कमाने के इरादे से तुम्हें छोड़ फ्रांस चला गया था तब तुमने शृंगार करना छोड़ दिया था। चूड़ियाँ तक अपनी कलाइयों से उतार दी थी। न हँसती थी और न ही बातें करती थी। लेकिन

जब उदय बहनोई तुम्हें मेकअप का सेट भेंट कर गया था तो रातोरात तुममें किस तरह का परिवर्तन आ गया था। चहक उठी थी उसी शाम बन-ठनकर मेरे सामने आई थी। मेरे कन्धे थामे मुझे घुमाकर खुद झूम उठी थी। याद हैं वे दिन दीदी...देखा लौट गई न भूले हुए उन दिनों की यादों में।

—नहीं अंजू, उन दिनों को मैं कैसे भूल सकती हूँ। वे तो मेरे जीवन के वे दिन हैं जिनके सहारे मैं दो लम्बे और निर्जीव वर्षों की यातनाओं को दफना सकी थी। अपने मृत जन्मे बच्चे की वेदना और छटपटाहट को मिटा पाई थी।

—मृत जन्मे बच्चे की वेदना...मैं काँप उठा। क्या मैं सही सुन रहा था ? सचमुच मेरी माँ मुझसे पहले एक बच्चे को जन्म दे चुकी है ? तो फिर मेरा बाप मेरी दादी और घर के बाकी लोग बार-बार मुझे पहली औलाद से क्यों सम्बोधित करते आ रहे हैं ? क्या मुझे भी इसी छलावे में रखा गया कि में अपनी माँ का पहला बच्चा हूँ ? तो क्या बच्चे मृत भी जनमते हैं ? जीवन से पहले मृत्यु ? मैं अज्ञात आशंका से दहल उठा।

अपनी माँ के पेट से रोज जो कुछ सुनता रहता था उन सारी स्थिति-परिस्थितियों और ताजा खबरों और घटनाओं से कई नई बातें और कई नए शब्द सुनता रहता था। रेडियो और टेलीविजन से भी अगर माँ इनके करीब होती थी तो मैं देश-विदेश की गतिविधियों से अवगत होता रहता था। अखबार हमारे घर रोज आते थे। मेरी चाची माँ को सुर्खियाँ सुना जाती और अगर कोई खास खबर होतीं तो उसे पढ़ भी जाती थी। इस तरह अब मुझे भोजपुरी हिन्दी और क्रिओली के साथ फ्रेंच के भी कुछ शब्द आने लगे थे।

अखबार के लिए रविवार हमारे घर एक खास दिन होता था। इस दिन हमारे यहाँ लेक्सप्रेस और मॉरिस्यें के अलावा साप्ताहिक वीक-एंड और 5-plus जैसे अखबार भी खरीदे जाते थे। मेरा बाप छुट्टी होने के कारण सारे अखबार पर सरसरी नजर दौड़ा लेने के बाद ही स्नान करता था। और अगर कोई विशेष समाचार होते तो वह रसोई या कमरे में पढ़कर माँ को सुनाता था। आज उसने जब एक विचित्र खबर का कुछ भाग पढ़कर माँ को सुनाया तो माँ जैसे कि सिहर कर बोल गई।

—मॉरिशस को तो सभी लोग भाईचारे और शान्ति का द्वीप कहते हैं तो फिर हमारे यहाँ इस तरह की दुर्घटनाएँ कैसे होने लगीं ?

मैंने अपने बाप को कहते सुना।

—मुट्ठी-भर लोग इस देश को बदनाम करना चाह रहे हैं। कुछ लोग नशीली दवाओं के जरिए मौत का सौदागर बनकर इस स्वर्ग जैसे देश के विश्व महत्त्व को घटा रहे हैं और अब यह खून-खराबे और आतंक फैलाकर कुछ लोग इस देश की शान्ति और भाईचारे को मिटा देना चाह रहे हैं।

—क्या नाम बताया जहाँ पर ये आतंकवादी प्रशिक्षण पाते हैं ?

माँ के इस प्रश्न का आतंकवादी शब्द पहली बार सुनने को मिला। उसका अर्थ सोचने में लगा हुआ था कि मेरा बाप माँ के प्रश्न का उत्तर देते हुए बोला।

—मोंं-ब्लाँ नाम की एक पहाड़ी जगह है देश की दक्षिण प्रान्त में।

—यह हिज़्बुल्ला क्या है ?

—वैसे तो एक राजनीतिक पार्टी है पर अब यह सुनने को मिल रहा है कि यह पार्टी भी आतंकवादियों की गतिविधियों में शामिल है।

—क्या यह सच है कि ये लोग कुछ अरब देशों से भी मदद पा रहे हैं ?

—अखबार में उन्हीं के बीच से एक गवाह तो यही कह रहा है कि इनमें से कुछ लोग पाकिस्तान और अफगानिस्तान तक प्रशिक्षण और मदद लेने पहुँचते रहे हैं।

—पर इतने दिनों तक इन पर पुलिसवालों की नजर क्यों नहीं पड़ी।

—हो सकता है कि कुछ राजनेताओं के संरक्षण में ये सारे रहस्यमय कार्य होते रहे।

—उन्हीं के संरक्षण में लोगों की हत्याएँ और बैंकों में डाके डाले जाते रहे ?

—लगता तो ऐसा ही है।

—क्या पहले भी इस देश में इस तरह दिन-दहाड़े और खुलेआम कत्ल और डकैतियाँ हुई थीं।

—मेरे जानने में तो कभी नहीं। सबसे अधिक दुःख की बात तो यह है कि कुछ लोग इसे धर्म के नाम पर कर रहे हैं।

—धर्म के नाम पर हत्या, आगजनी और डकैती।

—दादी की पदचाप पहले सुनने को मिला फिर मैंने उसे अपने बाप को कोसते हुए सुना।

—उदय ! तुम्हें मना किया है न कि बहू के सामने इस तरह की बातें मत किया करो।

7

घंटी की पाँच बार की टनटन के बाद अपने बाप की जो आवाज मुझे सुनने को मिलती थी वह आज घंटी की दो ही टनटनाहट के बाद सुनने को मिली। हैरानी हुई। मुझे ही नहीं माँ को भी इसीलिए तो वह पूछ बैठी।

—आज आप बहुत पहले दफ्तर से लौट आए। क्यों तबीयत तो ठीक है न ?

पापा ने शायद हामी भर दी हो क्योंकि उसकी ओर से कोई जवाब नहीं आया। पर जिस ढंग से उसने अपने आगमन की सूचना माँ को दी थी उससे मुझे लगा कि बात हमेशा की तरह न होकर कुछ भिन्न थी। रोज घर आते ही मेरा बाप उमंग के साथ कभी कहता।

—कल से पाँच मिनट पहले पहुँच आया आज !

और कभी।

—आज दफ्तर में दस मिनट देर हो गई।

दोनों बातें उमंग लिये होती थीं जबकि आज पापा बड़ी शिथिलता के साथ कह गया था।

—आज पहले ही दफ्तर से निकल गया।

वाक्य दुःख का बोध लिये हुए था। माँ पापा की तबीयत के बारे में पूछ बैठी थी। पापा को चाय और बिस्कुट देने के बाद ही माँ उससे बातें करने बैठती थी पर आज पापा ने उसे चाय लाने से मना कर दिया। वह बोल ही पाया था कि अभी नहीं बाद में कि अंजू चाची बोल गई।

—मैंने भजिए बनाए हैं। गरम हैं चाय के साथ अभी ही खा लें।

कुछ देर की खामोशी से मैंने अनुमान लगा लिया कि अंजू चाची की बात मानकर पापा भजिए खाने और चाय पीने को तैयार हो गया था। अंजू चाची को माँ से कहते सुना।

—दीदी, तुम्हारे लिए भी लाऊँ या तुम रसोई में...

—अभी नहीं। तुम तल लो फिर मैं वहीं आ जाती हूँ।

—सुजाता तल रही है। पूरा हो जाने पर मैं बताऊँगी।

कुछ क्षण बाद माँ को पापा से तीन घंटे पहले घर पहुँचने का सही कारण पूछना ही पड़ा।

—दफ्तर में कहीं फिर से आपके प्रमोशन को लेकर गड़बड़ी तो नहीं हुई।

—हद हो गई।

—क्यों क्या हुआ ?

—कल तक तो सारा कुछ डायरेक्टर और संस्थान के बोर्ड पर निर्भर था आज यह जानने को मिला कि सहायक निदेशक की नियुक्ति बोर्ड की ओर से नहीं होकर शिक्षा मन्त्री की ओर से होने जा रही है।

—शिक्षा मन्त्री के जरिए होने से आपके हक, अनुभव और योग्यता कम थोड़े हो सकती है !

—मन्त्री चाहे तो अयोग्य को रातोरात योग्य और योग्य को रातोरात अयोग्य बना सकता है।

—तो इसका मतलब...?

—इसका मतलब यह है कि पच्चीस साल की मेरी सेवा महज गुलामी थी। अनुभव की बात तो दूर की रही। खैर ऐसा होता ही रहता है।

—पर ऐसा क्यों होता रहता है ?

—ऐसा इसलिए होता रहता है क्योंकि मन्त्री को अपने खास आदमियों को पुरस्कार जो देना होता है।

—खास आदमी...?

—हाँ। जो उसके लिए चुनाव में काम करते हैं, जो उनकी अपनी बिरादरी के होते हैं।

—संस्थान के बोर्ड की तब तो कोई भूमिका रही ही नहीं।

—क्यों नहीं। सरकार की पसन्द उनकी पसन्द ! छोड़ो इन बातों को। मैं तो इसलिए घर कुछ पहले आ गया क्योंकि वहाँ इस अनर्थ का दुःख सभी मित्रों के सामने पराजय-सा बड़ा दुःख प्रतीत हो रहा था। तुम्हारे सामने वह दुःख कम हो गया। अरे, जब कुछ ही दिनों में हमें हमारी मुन्नी मिल रही है तो फिर बाकी क्या चीज होती है ? वैसे भी डायरेक्टर ने मुझे आश्वासन दिया है कि वह अनर्थ होने नहीं देगा।

—मुन्नी की जगह मुन्ना भी तो हो सकता है !

—नहीं, मुन्नी होगी।

अब क्या समझूँ अपने को माँ का मुन्ना या बाप की मुन्नी ?

अगले दिन मैंने घर में एक नए व्यक्ति के होने की अनुभूति की। उसके बोलने का तरीका माँ, दादी और चाची से भिन्न था। पापा और चाचा से और भी अलग आवाज थी वह। बातों के दौरान पता चला कि वह मेरे बाप की छोटी बहन की थी, मेरी फूफू की। ये बढ़ते जा रहे रिश्ते मुझे और भी हैरत में डाले जा रहे थे कि तभी एक और नई आवाज सुनने को मिली। इस नए स्वर में मुझे माँ और चाची की आवाज से भी अधिक कोमलता मिली। माँ और मामी के बीच बातें होती रहीं और उन बातों के बीच-बीच में वह सुरीला स्वर भी सुनने को मिलता रहा। बातों के जरिए मैं यह जानकर रहा कि वह कोमल प्यारी बोली मेरी फूफू की डेढ़ साल की बच्ची थी। कल शाम ही को तो इस डॉक्टर फूफू की बात हो रही थी। उसकी बच्ची की भी चर्चा हुई थी। उसका नाम शिवानी था।

उससे बात करने को मन मचल उठा।

पहला वाक्य मैंने मन-ही-मन कहा

—शिवानी ! तुम्हारी बोली अब तक की मेरी सुनी सभी बोलियों से अलग है।

वह छोटे-छोटे और अधूरे वाक्य बोले जा रही थी। मुझे वे बातें इतनी अच्छी लगीं कि मैं पुकार उठा।

—शिवानी !

हैरानी भरे दो अधूरे वाक्य सुनने को मिले। मैंने दोबारा पुकारा।

—शिवानी ! शिवानी !

फिर उसके वही अधूरे बोल सुनाई पड़े और मैं बोल गया।

—तुम मुझसे बातें करो। मुझे लगता है तुम मेरी आवाज सुन पा रही हो।

तुरन्त शिवानी के बोल सुनाई पड़े।

—या-या-मा-ना नाना मा !

बिल्कुल मेरी अपनी भाषा थी वह। मैंने आगे कहा।

—तुम मुझे सुन रही हो न ?

—याँ याँ मा।

मुझे अपने इर्द-गिर्द किसी की उपस्थिति का आभास नहीं होता था। यह कोई पहला जीव था जिसकी उपस्थिति को मैं महसूस सका। अपनी माँ की मौजूदगी को तो उसकी धड़कनों से मैं जान लेता पर बाकी लोग बोलकर ही मुझे अपने पास होने की सूचना दे जाते थे। यह जानकर कि शिवानी मुझे सुन पा रही थी जो कि मेरी अपनी माँ से नहीं हो पाता था मेरे भीतर थिरकन पैदा हो गई। मैं पूछ उठा।

—शिवानी ! तुम्हारी माँ और मेरी माँ तुम्हें सुन पा रही हैं।

उससे हाँ सुनकर मैंने दूसरा प्रश्न पूछा।

—ये दोनों तुम्हें समझ रही हैं ?

जवाब न तो हाँ रहा और न ही न।

ठीक माँ की धड़कनों की तरह मैं शिवानी की भी धड़कन सुन सका। यह भी समझ गया कि वह एकदम मेरी माँ के पास थी। वह कुछ बोली पर दूसरे कमरे से दादी की आवाज उसकी आवाज से कई गुना अधिक जोरदार थी कि शिवानी की बात मैं सुन नहीं पाया। दादी के चुप होते ही मैंने शिवानी को फिर से सम्बोधित किया।

—शिवानी !

उसने हामी भरी। मैंने बात आगे बढ़ाई।

—तुम मुझे अपने बारे में बताओ।

इस बार मेरी फूफू की बात से शिवानी की बात अनसुनी हो गई। मेरी फूफू मेरी माँ को सावधानी बरतने की बातें बताती रही।

—स्वास्थ्य बिगड़ते ही मुझे फोन करना मैं तुरन्त आ जाऊँगी। तुम अपनी विशेष डॉक्टर के पास कब जा रही हो ?

—अगले सप्ताह।

कमरे में पदचाप सुनाई पड़े। दादी और चाची आ पहुँचीं। दो-तीन लोग एक साथ बोल पड़े। मुझे अच्छा नहीं लगा। खामोशी छाते ही मैं बोला।

—शिवानी !

तभी वह आवाज अधिक स्पष्ट होकर आई।

माँ और अन्य लोगों की जुबान से अधिक आसानी के साथ मैं उसकी जुबान को समझ गया। वह बोली थी।

—कोई मेरी भाषा में बोल गया पर कहाँ से ?

—तुम मुझे देख नहीं पाओगी।

—क्यों ?

—मैं अभी जनमा ही नहीं।

—तुम जनमना चाहते हो ?

—क्यों तुमने जनमना नहीं चाहा था ?

—जनमना तो चाहा था पर...

—पर क्या ?

—मुझे यह थोड़े ही मालूम था कि यहाँ ऐसी हालत होगी।

शिवानी के बाद मैंने अपनी माँ की आवाज सुनी।

—शिवा तो खूब बोले जा रही है।

—यहाँ तो कुछ ज्यादा ही बोल रही है।

यह शिवानी की माँ डॉक्टर वैभवी की आवाज थी। घर की बातें सुनते रहने से यह तो मैं जान ही गया था कि मेरा बाप अपनी इस छोटी बहन को उसकी इच्छा पर डॉक्टर बना रहा था। मेरे चाचा को इंजीनियर और खुद सरकार में नौकरी से सन्तुष्ट रह गया था। उस दिन दादी की एक बात पर बोल गया था।

—अगर मैं खुद डॉक्टरी पढ़ने भारत चला गया होता तो प्रिया जैसी बहू तुम्हें थोड़े ही मिल पाती।

इसके बाद मेरी चाची की आवाज आई।

—मेरी सास कहती है कि बच्चे भगवान से बात करते हैं उन्हीं की भाषा में। वह यह भी कहती है न प्रिया दीदी कि हम लोग अगर बच्चों के शब्दहीन भाषा को समझ लेंगे तो खुद भगवान से बातें करने लगेंगे।

—तभी तो बच्चे जैसे-जैसे बढ़ते हैं। भगवान के साथ बात करनेवाली भाषा को भूलते जाते हैं।

मेरी माँ के बाद फिर से चाची ने आगे कहा।

—मेरी माँ कहती थी कि बच्चे जब अपने आप में मुस्कुराते हैं तो भगवान को देखकर।

मैंने शिवानी से दोबारा पूछा।

—पर क्या ?

—जनमने से पहले मुझे यह मालूम था ही नहीं कि दुनिया इतनी विचित्र होगी।

—तुम्हें दुनिया अच्छी नहीं लगती ?

—कभी अच्छी लगती है और कभी उदास। लोग आजादी से कुछ करने देते ही नहीं। बस ये न करो वो न करो...घूमफिर कर वही करना पड़ता है जो लोग चाहते हैं।

—यह उदास क्या होता है ?

शिवानी की माँ बीच में बोल उठी।

—शिवा तुम तो यहाँ सचमुच बहुत बोलने लगी। घर पर तो इस तरह से राग में बोलती ही नहीं।

अपनी माँ की बात को अनसुनी करती हुई शिवानी बोली।

—नाने ये ये...मैं इन लोगों की भाषा नहीं समझ पाती।

—मैं समझ लेता हूँ।

—तुम्हारी तरह था तो मैं भी समझ लेती थी। ये लोग भी मेरी बात नहीं समझ

पाते...कभी-कभी तो लगता है कि न समझें तो ही अच्छा है। अच्छा ! तुम कब जन्म रहे हो ?

—सुना है बीस-बाईस दिन में।

—अरे बाप रे—।

—क्यों क्या हुआ ?

—धरती पर दिन बड़े लम्बे होते हैं। सभी लोग मुझे खिलौना समझकर हँसाने, गवाने और नचाने लगते हैं। अच्छे नहीं लगते...अरे हाँ, पर माँ की आवाज बड़ी अच्छी लगती है। वह जब मुझे सुलाने के लिए गुनगुनाती है तब ऐसा लगता है क्यों न दिन-रात माँ गोद में झुलाती हुई गुनगुनाती रहती है।

—मैं माँ की गोद में पहुँचने के लिए मचल उठा हूँ।

—जनमने के बाद ही उस आनन्द को जान पाओगे।

और मैं मचल उठा खिलौने समझे जाने के उस दुःख से भी।

मैं सिहर उठा यह सोचकर कि शिवानी को उसके मन का करने की आजादी क्यों नहीं दी जाती।

8

वह एक भिन्न आवाज थी। सिहरन पैदा कर देनेवाली। पहले तो मेरी समझ में ही न आया कि क्या कहा जा रहा था। फिर लगा कि मुझसे कुछ पूछा जा रहा था। अब तक शिवानी के अलावा किसी ने मुझसे सवाल किया ही नहीं था। पहले तो मैं यह सोचता रहा कि शिवानी के बाद यह कौन हो सकता है जो मेरा स्वर सुन पाने की योग्यता रखे हुए था। वह कोई दूसरा बच्चा तो नहीं हो सकता क्योंकि बच्चे का स्वर क्या वह तो अब तक के सुनने में आनेवाले सभी स्वरों से भिन्न था। मैंने पूछा।

—कौन हो तुम ?

उत्तर तत्काल मिला।

--मुझे लोगों की हँसी-खुशी, सुख-शान्ति, प्यार-दोस्ती, सफलता और प्रगति बिल्कुल पसन्द नहीं। धरती के लोग अँधेरा पसन्द नहीं करते उससे डरते हैं। मैं रोशनी से डरता हूँ।

—पर ऐसा क्यों ?

—क्योंकि अगर मैं ऐसा होते रहने दूँ तो मेरा अपना अस्तित्व समाप्त हो जाएगा।

—यह अस्तित्व क्या होता है ?

—दुनिया से मेरी मौजूदगी खत्म हो जाएगी। मुझे खत्म करने की नाकामयाब कोशिशें शुरू से आज तक होती रही हैं पर मेरी हुकूमत को आज भी कोई नहीं मिटा पाया।

—तो फिर क्यों डरते हो कि तुम्हारी मौजूदगी खत्म हो जाएगी ?

—मुझे अपनी मौजूदगी के खत्म होने का डर नहीं है। मैं तो बस इस बात से डरता हूँ कि इस घर में कहीं मेरी हार न हो जाए।

—हार ? क्यों तुम भी मेरे बाप की तरह घोड़े पर दाँव लगाते हो क्या ?

—मैं दुनिया से अच्छाई मिटाने की जंग लड़ता हूँ। इस जुए में हार-हार कर भी मैं पूरी तरह से कभी नहीं हार पाया। और न ही कोई मुझे कभी पूरी तरह से हराकर नेस्तनाबूद कर सकता है। रोशनी मुझे मिटाते-मिटाते खुद मिट जाती है। मैं अँधेरा हूँ और दुनिया के इस छोर से उस छोर तक फैलता रहूँगा।

—तुम अपना नाम तो बताओ।

—एक हो तो बताऊँ। तुम बस इस घर में मेरा नाम जो होगा वह जान लो। मैं अँधेरे का चौकीदार हूँ। अँधेरा फैलाना मेरा मजहब है। इस घर में मैं कलह बनकर रहूँगा।

—कलह ?

—हाँ मेरा नाम विनाशन है। मेरा काम तुम्हारे परिवार में फूट पैदा करना है। पर इस घर में यह काम इतना आसान नहीं है। तुम्हारे बाप जैसे आदमियों के साथ होड़ लेना बड़ा कठिन होता है पर मुझे इसी में मजा आता है।

—मेरा बाप तुम्हें जानता है ?

—अब तक नहीं जाना था पर अब जानकर रहेगा।

—तुम्हारी आवाज मुझे बिल्कुल अच्छी नहीं लगती।

—यही तो मेरी खासियत है कि कोई किसी को अच्छा न लगे। यह अच्छाई ही तो मेरा सबसे बड़ा दुश्मन है।

—पर यह सब कुछ तुम मुझे क्यों सुना रहे हो ?

—क्योंकि तुम्हारे ही सहारे तो मुझे इस घर की शान्ति मिटानी है। पहले ईर्ष्या फैलेगी इस घर में फिर झगड़े होंगे। अशान्ति फैलेगी। तुम्हारा इस्तेमाल करके मैं इस घर के सुकून को मिटा कर रहूँगा।

—इस घर से तुम्हारी क्या दुश्मनी है ?

—इस दुनिया में कोई ऐसा घर नहीं जिससे मेरी दुश्मनी नहीं...अरे नहीं, मैं थोड़ा गलत कह गया। इस दुनिया के उन्हीं घरों से मेरी दुश्मनी नहीं जहाँ मेरे दाखिल होने से पहले उन घरों में मेरा नाच नाचा जाता है और फिर उससे आगे वह नंगा नाच एक घर से दूसरे घर को बढ़ता ही चला जाता है। अब तो मेरी पहुँच से डरकर लोगों के भगवान को भी उनके बीच उनकी रक्षा के लिए आने की हिम्मत नहीं होती। अब तो अखबारों, रेडियो, टेलीविजन हर जगह मेरे ही एजेंटों का अधिक बोलबाला होता रहता है। अब मन्दिरों, मस्जिदों, गिरजाघरों के बनने से कहीं अधिक उनके बमों से जलाए जाने की खबरें आती रहती हैं।

—ऐसा करके तुम्हें मिलता क्या है ?

—बताऊँगा भी तो तुम नहीं समझोगे। खुद इस धरती पर आकर अपनी आँखों से देखने के बाद ही समझ पाओगे। पर जन्म पाओगे तब तो। अभी के लिए बस इतना जान लो कि इस बार तुम्हारी माँ और तुम्हारे बाप के सामने मेरा वार खाली नहीं जाएगा। इस घर की तबाही होकर रहेगी। तुम्हारे जनमने का इन्तजार पूरे घर को है। लोगों की इस उम्मीद पर मैं पानी फेर दूँगा। तुम जन्म नहीं ले पाओगे।

—मैं तुम्हें ऐसा नहीं करने दूँगा।

—तुम्हीं तो मुझे ऐसा करने दोगे मेरे सहयोगी। फिर मिलेंगे।

सन्नाटा !

मेरी माँ अब भी सो रही थी और मेरे बाप की खर्राटें जारी थीं। मैं बार-बार माँ से पूछता रहा कि वह जो मुझसे बातें करके चला गया कौन था। माँ जब जागे होने पर मुझे नहीं सुन पाती थी तो नींद में क्या सुन पाएगी।

अब मुझे अपना अहसास कुछ अधिक होने लगा था। घर के लोगों से इतनी दूर होकर भी उनकी आत्मीयता को बढ़ते पा रहा था। सोने से पहले अपने बाप को माँ से कहते सुना था

—कब मुन्नी हमारे सामने आएगी ? कब आएगी उसकी आवाज हमारे कानों में ? कब ?

यह अधीरता मेरे भीतर भी बढ़ती चली जा रही थी। मेरे बाप की बेताबी पर माँ बोली थी।

—मुन्ना तो निर्धारित समय पर ही आएगा। यह तो समय है जो चौगुना लम्बा हो चला है। मुझे लगता है कि समय अपने आप लम्बा नहीं हो रहा बल्कि हमारी अधीरता उसे तानती चली जा रही है। आप तो इस लम्बी प्रतीक्षा को और भी लम्बा बनाते जा रहे हैं।

—मैं और भी बढ़ाए जा रहा हूँ। पर कैसे ?

—सुबह को यह पूछना कि अब और कितने दिन बाकी है फिर शाम को उसी प्रश्न को दूसरे ढंग से पूछना। रोज दफ्तर से लौटने पर मुन्ने के लिए कुछ-न-कुछ लाते रहना। अब आज ही शाम आप मुन्ने के लिए ऐसा खिलौना ले आए जो कि जन्म के छः महीने के बाद ही वह उसे थाम पाएगा।

—तुम बार-बार हमारी पहली औलाद के लिए पुल्लिंग इस्तेमाल करती हो जबकि मैं...

—यह तो मैं आपकी जीत के लिए करती हूँ।

—मेरी जीत...

—पुरनिया लोग कहते हैं कि जब माँ की इच्छा लड़की के लिए ज्यादा होती है तो लड़का पैदा होता है और जब लड़के की चाह अधिक होती है तो...

—तो लड़की जनमती है ! पर प्रिया...खैर...

पापा का वाक्य अधूरा रह गया था। माँ को बोलते सुना था मैंने।

—लड़की हो या लड़का भगवान की देन मानकर खुश होना है।

—तो क्या तुम सोचती हो कि लड़का होने पर मुझे खुशी नहीं होगी ? पर...पर प्रिया अगर लड़की हो जाए तो तुम्हारे गले में सोने का नेक्लेस डाल दूँगा।

—मुझे तो लगता है कि हमारी यह औलाद शुभ आँगज के साथ इस घर में आ रही है। उसके जनमते ही इस घर को सात-आठ हजार रुपए का लाभ होकर रहेगा।

—वह कैसे ?

—नाहक ही नेक्लेस पर रुपया खर्च करने की नौबत से आप बच जाएँगे।

—प्रिया, अब तुम ज्यादा बोलने लगी हो।

—जब कम बोलती थी तो आप बोलते थे कि मुझे बोलना नहीं आता।

आज मुझे बिल्कुल नींद नहीं आ रही।

9

कई बातें धीरे-धीरे समझ में आने लगी थीं, पर कई नई बातें उलझन बनी रह जाती थीं। माँ और चाची शायद अकेली थीं जब मैंने माँ को अंजू चाची से यह कहते सुना।

—अंजू ! तुम्हारी और उमेश की जीत आखिर होकर ही रही।

—किस बात की जीत ?

—यह कि तुम दोनों से पहले मेरा बच्चा जन्मे।

—यह तो ऊपरवाले के चाहने से हुआ है।

—नहीं, यह ऊपरवाले के चाहने से नहीं तुम दोनों के चाहने से हुआ। तुम क्या सोचती हो कि तुम दोनों की बातें मुझसे हमेशा के लिए अनजानी रह जाएँगी। वैभवी, मुझसे कुछ भी नहीं छिपा सकती। अस्पताल से वह तुम्हारे लिए गोलियाँ लेती रही है और तुम दो अवसरों पर अपने को गर्भ धारण करने से रोकती रही। मुझे माँजी और अपने पति की नजरों से गिरने से बचाती रही। अब समझ में आया कि उमेश यह क्यों कहता था कि उसकी शादी अगर पहले हुई तो क्या जरूरी था कि उसे ही इस घर में बाप बनना है।

—दीदी, हमने तुम्हारे हित से कहीं अधिक हित अपना सोचा। उमेश भी नहीं चाहता था कि मैं बाईस की उम्र में ही माँ बन जाऊँ।

—यह तो माँजी के बार-बार के तकाजे को रोकने के लिए उमेश बोलता रहा था। तुम्हें अपने भंसूर की बढ़ती उम्र पर दया आई और उमेश को मेरी उम्र पर।

—दीदी, क्या वैसे भी यह इस घर के लिए शोभा की बात होती कि बड़े भाई से पहले छोटा भाई बाप बन जाए ?

—और क्या अगर आगे दो सुनहले अवसरों को चूक जाने पर तुम्हें बच्चे के लिए लम्बा इन्तज़ार करना पड़े तो मेरे लिए खुशी की बात होगी ? अगर माँजी को तुम्हारी

और उमेश की इस कुर्बानी का पता चल गया तो जानती हो...

—माँ को इस बात का पता कभी नहीं चलेगा। उसे तो डॉक्टर वैभवी यह बता चुकी है कि अगले साल तक मेरी शारीरिक कमजोरी समाप्त होकर रहेगी और उसकी दोबारा दादी बनने की खुशनसीबी हासिल होकर रहेगी।

—अच्छा तो अपनी ननद को भी तुम इस कारनामे में शामिल कर चुकी हो ?

—मैंने नहीं ?

—तो ?

—तुम्हारे देवर ने।

—वह तो मेरे ऊपर अपने अहसानों का बोझ लादता ही रहेगा और मैं उन बोझों से जीवनपर्यन्त दबी रहूँगी।

—अहसान कैसा दीदी। तुम तो जीवन में अपने हिस्से से अधिक दुःख झेल चुकी हो। उमेश तो केवल यह चाहता है कि अब अपने जीवन के बाकी दिनों को तुम सुख और सुकून के साथ जीओ। यह तो मैं कहती हूँ कि तुम अपने हिस्से से अधिक दुःख सह चुकी हो जबकि उमेश तो यह कहता रहता है कि तुम तो औरों के हिस्से के दुःख भी झेलती रही हो।

—एक बात पूछूँ ? क्या अपने आत्मीय क्षणों में भी तुम दोनों मेरी ही बातें करते रहते हो क्या ?

फोन बज उठा। मैं जिस तन्मयता के साथ माँ और चाची की बातें सुन रहा था उसका इस तरह झटके के साथ खंडित हो जाना मुझे अच्छा नहीं लगा।

—भाभी ! ओ भाभी !

इतनी जोर से इस घर में एक ही व्यक्ति चिल्ला सकता था और वह था उमेश चाचा। हमेशा की तरह माँ ने इस पुकार पर कोई उत्तर नहीं दिया क्योंकि अब तो मुझे भी यह ज्ञात हो ही गया था कि इस पुकार के बाद चाचा सीधे माँ तक पहुँचकर ही रहेगा। इसके बाद माँ का पहला वाक्य होगा।

—हाँ, तो आज नया क्या है ?

और वही हुआ। माँ के प्रश्न के बाद मैंने चाचा को कहते सुना।

—तुम्हारे लिए नई विडियो कैसेट ले आया हूँ।

—मनीषा कोयराला की ?

—अपनी पसन्द की नहीं तुम्हारी पसन्द की।

—मेरी पसन्द की न तो अब तक तुम से बेहतर कोई हीरोइन हुई है, न कोई हीरो।

—अरी भाभी भाई के टक्कर की कहो मैं तो बस इस फिल्म का सपोर्टिंग एक्टर हूँ।

—यह फिल्म जो तुम लाए हो उसका ?

—हमारे घर की फिल्म का !

—अंजू के सामने तो उसे इस फिल्म की हीरोइन बताते हो और मुझे सहायक अभिनेत्री।

—वह तो बस जब-तब अपना उल्लू सीधा करने के लिए।

--आज मुझसे अपना उल्लू सीधा करने चले आए—खैर, बताओ कौन सी फिल्म लाए हो ?

—लो, तुम्हीं देख लो।

—मासूम ? पर यह फिल्म तो अभी पिछले ही सप्ताह लाए थे।

—यह कैसे हो सकता है ?

—ऐसा ही हुआ है। पर तब उसे तुम मेरे लिए विशेष रूप से नहीं अंजू के लिए लाए थे।

—तो तुम इसे देख चुकी हो ?

—देख भी चुकी हूँ और रो भी चुकी हूँ। तुमसे यह भी बोल चुकी कि आईन्दा तुम रुलानेवाली फिल्म मत लाया करो।

—तो फिर यह हुई न बात। वास्तव में यह फिल्म मैं माँ के कहने पर उसके लिए लाया हूँ। तुम्हारे लिए तो मैं यह लाया हूँ।...पर नहीं तुम पहले मुझे यह बताओ कि पिछली बार तुमने मुझसे किस फिल्म की माँग की थी ?

—माँ तुमसे बोली थी कि अब तुम इस घर में कुछ दिनों के लिए धार्मिक फिल्में लाया करो।

—पर अकेले में तुमने मुझसे कहा था...

—कहा था कि कोई हँसानेवाली अच्छी कॉमेडी लाना।

—तो यह रही लोट-पोट करानेवाली कामेडी।

--प्यार किए जा ?

—हाँ, शशिकपूरवाली।

—और वह तुम्हारे दूसरे हाथ में क्या है ?

—फीडिंग बोटल।

—तुम तो अभी ही से इस घर को नर्सरी बना चुके।

मैंने माँ से कहना चाहा कि यह तो तीसरी फीडिंग बोटल आ गई मेरे लिए। पिछली बार जब शिवानी से बातें हुई थीं तो मैंने उससे पूछा था कि आखिर उसकी अपनी कितनी फीडिंग बोतलें थीं तो उसने बताया था कि एक ही। उसने मुझे यह भी बताया था कि वह तो ज्यादातर अपनी माँ का दूध पीती है।

माँ का दूध और बोतल का दूध ! यह अन्तर न तो मुझे शिवानी बता पाई थी और न ही मैं समझ पाया था। चाहे दादी को माँ से कई बार यह कहते सुन चुका था कि वह डिब्बे के दूध से दूर रखकर अपने दूध पर मुझे पाले।

मैंने चाची को सुना।

—दीदी, अभी यह हाल है तो बच्चे के जन्म जाने के बाद क्या होगा। ये और भैया शहर से पूरी दुकानें उठा लाएँगे।

माँ और चाची की बातें धीरे-धीरे अनसुनी होती गईं।

वह धुँधलका एक गहरे अँधेरे से निकलकर सामने आया।

फिर उस धुँधलके को चीरता हुआ एक हल्का प्रकाश टिमटिमा उठा। धीरे-धीरे पीछे के सुरमई क्षितिज से किरणें झिलमिलाईं। उन किरणों के बीच से वह स्वर्ण-रश्मि थिरकी थी जिसकी थिरकन के साथ-साथ वह संगीत उभरा। वही संगीत...जो पहले भी मैं सुन चुका था। दूर से आता हुआ वह बाँसुरी वादन। बहुत ही दूरदराज की यादगार मेरे अपने भीतर सजीव हो आई।

वह जानी-पहचानी स्वरलहरी...

और जब संगीत कुछ धीमा पड़ा तो स्वर अधिक स्पष्ट होकर सामने आया फिर एक आकृति।

—चौंको मत !

—तुम्हें पहले भी देखा है।

मेरी बात सुनते वह आकृति ओझल हो गई। केवल आवाज सुनाई पड़ी।

—तीन दिन बाद मिलने की बात हुई थी। देख लो कहाँ थे तुम साल-भर पहले।

बाँसुरी की धीमी धुन बनी रही। संगीत मेरे एकदम करीब आता रहा। अधिक सुरीला होता गया। लगा कि स्वर्ण-रश्मियों और कजराले बादलों के बीच से परतों को छेदती हुई बाँसुरी की वह धुन मेरे अपने भीतर बजने लगी थी। मैंने एक नदी किनारे अपने को खड़े पाया। नदी के पानी में अपने चेहरे पर चार-पाँच दिनों की दाढ़ी पाई। याद आ गया कि इधर पाँच दिनों से शेव नहीं कर पाया था।

दूरी पर कुछ श्वेत बादल के टुकड़े और ओझल होती रश्मियों के बीच से मुझे क्षितिज-रेखा दिखाई पड़ी। बादल के श्वेत टुकड़े किसी रंगमंच के परदे की तरह हटते गए और पुरानी विस्मृति के बीच से स्मृतियाँ आकृति लेने लगीं। एक खोया हुआ अतीत जीवन्त हो गया।

सभी कुछ विचित्र-सा लगा। नदी के तट से हटकर मैं कुछ आगे बढ़ा।

...जाना-पहचाना रेलवे स्टेशन ! यात्रियों की आपाधापी ! चाय, पकौड़े, मूँगफली और केले बेचनेवालों के सामूहिक नारों की होड़। गाड़ी के पहुँचने पर यात्रियों के शोरगुल। मैंने एक गाड़ी की खिड़की के शीशे में अपनी अस्पष्ट झलक देखी...फिर अपने को अहसास किया। कुछ ही दूरी पर मेरे तीन साथी फौज की वर्दी में दिखाई पड़े। उसी तरह की वर्दी मेरे अपने ऊपर भी थी। फ़ेरोज़ की आवाज थी वह जो अचानक मेरे कानों तक पहुँची।

—अख्तर ! आ जाओ, हमारा डिब्बा आ गया।

कुछ ही देर बाद मैं अपनी नकली वर्दी में रहमान, फेरोज और करीम के साथ खचाखच भरे डिब्बे के भीतर था। सीटी बजी और गाड़ी की चाल धीमी-धीमी शुरू होकर तेज होती गई और उसी के साथ एकाएक अँधेरा छा गया। जो दृश्य उभरकर आए थे अँधेरे में खो गए।

माँ और चाची की बातें स्पष्ट सुनाई पड़ने लगीं।

मुझे नींद आने लगी थी और मैं सो गया।

न जाने कितनी देर बाद मैंने इस बार अपनी माँ को पापा से बातें करते सुनता रहा।

जोरों की ठंड महसूस हुई।

दूर तक फैली हरियाली आँखों के सामने थी। मनभावन दृश्य था। आवाज सुनी और उसे पहचान लिया। कोई सामने नहीं था पर आवाज उसी आन्तरिक शक्ति की थी। वह बोला।

—अपनी स्मरण-शक्ति पर जोर दो। याद करो।

मैं और मेरे तीनों साथी पहलेवाली फ़ौजी वर्दी में नहीं थे। हम चारों लखनवी लिबास में थे। श्रीनगर के पास की एक घाटी में नदी पार करके हम हरे-भरे मैदान में आ गए। दाईं ओर से एक लड़की को अपने से बहुत छोटे एक लड़के के साथ आते हुए देखा। मैंने अपने साथियों को आगे निकल आने दिया। युवती और लड़के दोनों के हाथों में फूलों से भरी टोकरियाँ थीं। समझते देर नहीं लगी कि युवती अपने छोटे भाई के साथ थी। दो ही सवाल के बाद यह जान गया कि दोनों कश्मीरी ब्राह्मण परिवार के थे पगडंडी छोड़ दोनों आम रास्ते पर आ गए जिसमें मैं अपने तीनों साथियों के साथ चल रहा था। मेरे दोस्त आगे निकल चुके थे। मैंने उन भाई-बहन के कदमों की रफ्तार से रफ्तार मिलाकर चाल धीमी कर ली। कुछ दूर चुपचाप चलते रहे। मैंने खुद बात शुरू की पर छोटे भाई के साथ। उसने अपना नाम बताया फिर मैंने अपना नाम। बिन कुछ सोचे जितेन्द्र नाम दिमाग में आ गया था। बता दिया। रावलपिंडी के मेरे दोस्त मुझे हिन्दुस्तानी फिल्म के एक हीरो जैसे नाक नक्शेवाला पाकर जितेन्द्र कहकर चिढ़ाते थे। हमारे साथ चल रही लड़की बिल्कुल नहीं बोल रही थी। वह उसका छोटा भाई था जो उसके हिस्से की बातें कर जाता था। उसी से पता चला कि उसकी बहन का नाम उषा था और उसका अपना नाम केतन। मैं उन दोनों के साथ-साथ चलता रहा। मेरी टोली को मुखिया फ़ेरोज़ ने कई कदम आगे से दो बार मुझे पुकारकर कहा कि मैं झपटकर उनसे आ मिलूँ। अपने दोनों नए साथियों के साथ जब मैं सफेद पत्थरों की एक मुंडेर के पास पहुँचा तो केतन ने बाईं ओर की पगडंडी पर आगे की इमारतों की ओर संकेत करते हुए बताया कि उन्हीं घरों के पीछे उसका अपना घर था।

मैं उन दानों को पगडंडी पर जाते हुए देखता रहा। केतन ने उन घरों के बीच ओझल

होने से पहले कोई चार-पाँच बार मेरी ओर देखा। लेकिन जिसे मैं चाहता था कि वह एक बार तो कम-से-कम मुड़कर मेरी ओर देखे उसने तो देखा ही नहीं। दोनों के ओझल हो जाने के बाद ही मैं काफी आगे बढ़ गए अपने दोस्तों तक पहुँचने के लिए झपट पड़ा। पर मन उस पगडंडी की शुरुआत के उस आखिरी लम्हे पर अटका रहा।

आँखों के सामने कोहरा छा गया। दादी को कहते सुना।

—बहू ! बैठी-बैठी थक गई होगी चलो लेटकर थोड़ा आराम कर लो।

10

माँ देर तक मुझसे बातें करती रह गई थी।

बोली थी कि उसे अपनी पहली औलाद के खो बैठने का अफसोस अब भी था। उसे अधिक दुःख इस बात का था कि अपने बच्चे के बाप से विलग चुकने के बाद वह उस निर्दोष बच्चे को भी दोषी मान बैठी थी। उसके जनमने को वह कोई महत्त्व दे ही नहीं पाई थी। उसके वक्त से पहले जन्म कर बिन साँसों का होना उसकी अपनी लापरवाही का परिणाम था। बच्चे को खोकर वह उदास अवश्य थी पर उसकी आँखों से आँसू का कोई भी कतरा नहीं टपका था। माँ बोली थी कि पास-पड़ोस की औरतों को उसकी वह बेरहमी बड़ी अजीब प्रतीत हुई थी। मुझे तो न अपनी सुधी थी और न ही अपनी उस निष्ठुरता का कोई अहसास था। तीन दिन बाद चाय बागान में बारिश से भीगती हुई मैं देर तक रोती रही थी। शायद उस पहले बच्चे के गँवाने की पहली पीड़ा थी वह।

मैंने माँ से तब भी पूछा कि वह मेरे बाप से उस बच्चे के बारे में अब तक बता क्यों नहीं पाई। सोचा अगर माँ मुझे सुन भी पाती तो शायद मुझे मेरे प्रश्न का उत्तर नहीं देती। एक बार मैं चाची को उससे कहते सुना था कि वह इस रहस्य को कब तक मेरे बाप और परिवार के बाकी लोगों से छिपाती रहेगी। माँ ने कहा था कि मौत से पहले मेरे बाप को उस सत्य से अवगत कराके रहेगी। बोली थी।

—वरना मैं मर नहीं पाऊँगी।

—और अगर किसी दिन घर के लोगों को इस रहस्य का पता चल गया तो ?

—इस परिवार की तुम भी हो और तुम्हें मालूम है।

—मैं तो उमेश तक से इसे छुपाए रही हूँ।

—मेरे कारण...

—इस पूरे घर के हित में। पर अब डर लगने लगा है।

—किस बात का डर ?

—भूपेन के देश लौट आने...

—मैं भी इस बात से विचलित हो गई हूँ।

—वह आदमी मुझे तनिक भी पसन्द नहीं था।

—जानती हूँ। तुमने तो उसे कभी बहनोई कहा ही नहीं।

—वह तो पहले ही दिन से मुझे फिल्मों का खलनायक लगा था। मैं उसे जब प्रेम चोपड़ा कहती थी तो तुम मुझे डाँट जाती थी।

—उन दिनों को जगाओ मत अंजू।

—मेरी एक बात मानो दीदी। इससे पहले कि भूपेन से जीजाजी को यह बात जानने को मिले तुम खुद...

—मैं परिणाम से डर रही हूँ।

—औरों से जानकर परिणाम और भी बदतर हो सकता है। वैसे तो मैं सोच ही नहीं सकती कि तुम्हारे जीवन के इस सत्य को जानकर जीजाजी तुमसे खफा हो सकते हैं या कि तुम्हें सजा सुना बैठें।

—मुझे सजा का डर नहीं। मैं उन्हें दुखी नहीं कर सकती।

—दुखी तो वे तब होंगे जब उन्हें पता चलेगा कि तुम इतने लम्बे अरसे तक इस बात को छिपाए रही। एक और बात है दीदी...

—क्या ?

—अकेले तुम भूपेन का सामना नहीं कर सकती। उसकी हरकत को रोकने के लिए जरूरी है कि जीजाजी आगे आएँ। इसलिए दीदी मेरा तो तुमसे यही अनुरोध है कि तुम पूरी बातें उन्हें बता ही दो।

—मुझे अपने बच्चे के जन्म जाने का इन्तजार है। इससे पहले मैं ऐसा कुछ नहीं कर सकती जिसकी वजह से मेरे बच्चे को कुछ हो जाए।

—अंजू ! कहाँ हो बेटी ?

दादी की आवाज थी।

मुझे सुनकर मेरे प्रश्नों के उत्तर देनेवाली शिवानी का एकाएक चला जाना मुझे देर तक खलता रहा। उससे पूछना भी नहीं आया मुझे कि अब कब यहाँ आएगी। उसने भी कुछ नहीं बताया। पर हाँ, जाने से पहले वह एक सवाल जरूर कर गई थी। पूछ बैठी थी कि क्या इस घर में भी उसके घर की तरह तकरार होती रहती है। उसके चले जाने पर उस सवाल के मतलब पर गौर करने के बाद मैंने अपने आपसे कहा।

पहले तो यह तकरार शब्द अपनी समझ में आया ही नहीं। शिवानी से चन्द संकेत पाने के बाद ही मैं समझ पाया और बोला।

—यहाँ भी तकरार हो जाया करती है।

मैं शिवानी के बारे में ही सोच रहा था कि दादी की ऊँची आवाज सुनाई पड़ी।

—बहू ! देखो बाहर कोई भिखारन आई हुई है। कुछ अनाज अपने हाथों देकर मुन्ने के लिए उस गरीब की दुआ ले लो।

इतना जरूर समझ सका कि भिखारन और गरीब इन दोनों शब्दों में कोई रिश्ता जरूर था पर दोनों शब्दों के अर्थ क्या थे समझ नहीं पाया। कुछ देर बाद एक अनजान कम्पन-भरा स्वर सुनने को मिला।

—तुम्हारे बाल-बच्चे सुखी रहें बेटी।

यह गरीब की दुआ थी यह बात समझ में आ गई। यह भी समझ में आ गया कि धरती पर गरीब की दुआ से सुख मिलता है। अब कुछ दिनों में मेरे अपने से तर्क भी होने लगा था। अपने आपसे तर्क करके मैं इस निष्कर्ष पर पहुँचा कि गरीब के पास बहुत सुख होता है तभी तो वह दूसरों में सुख बाँट सकता है। एक बात फिर भी समझ से बाहर रही। अगर सचमुच सुख अधिक महत्त्व का था, अधिक मूल्यवान ठहरा जैसा कि मैंने दादी को बोलते सुना था—तो लोग अधिक दुःख-ही-दुःख की बात क्यों करते रहते हैं ? फिर सोचा धरती पर ये दोनों आमने-सामने आएँ तभी तो जान पाऊँगा कि दुःख और सुख में एक अधिक मूल्यवान था तो दूसरा अधिक मूल्यवान न होकर अधिक चर्चित क्यों था। शायद शिवानी बता सके। पर शिवानी तो खुद को अबोध बता गई थी।

फोन बज उठा। घंटी की वह आवाज मुझे कभी भी अच्छी नहीं लगी। इस वक्त जब मैं शिवानी के बारे में सोच उठा तो वह और भी भारी भरकम प्रतीत हुई। माँ को अपने आपसे कुछ कहते सुना पर फोन की घंटी की जोरदार आवाज में उस छोटे से वाक्य को ठीक तरह से सुन ही नहीं पाया। फोन की आवाज के बन्द होते ही अपने बाद की आवाज सुनी।

—हैलो !...हाँ पर उसकी तबीयत ठीक नहीं वह फोन पर नहीं आ सकती।...मैं उसका पति हूँ...पर आपने अपना परिचय नहीं दिया...जब वह आपकी कुछ रही होगी तब रही होगी अब...नहीं अब आपसे प्रिया का कुछ भी लेना-देना नहीं है...मैंने कहा न ? नहीं है...आप झूठ कहकर प्रिया को बदनाम नहीं कर सकते...भाड़ में जाए आपका प्रमाण।

मेरे बाप की इस ऊँची आवाज के साथ फोन की खटखटाहट सुनाई पड़ी। खामोशी। कुछ क्षण बाद माँ को कहते सुना।

—वही था न ?

—...

—क्या बोल रहा था ?

—...

—किस प्रमाण की बात कर रहा था ?

—मैं टेलीकोम के अपने मित्र से बात करके फोन का नम्बर बदलवाने को सोच रहा हूँ।

—माँजी के न चाहने पर भी इस बार मैं उससे बात करके रहूँगी।

—नहीं प्रिया, तुम उससे बात नहीं करोगी। उसके इस बेहूदेपन को बन्द करने का

एक ही तरीका है नम्बर ही बदल देना।

—उससे डर कर ?

—नहीं, उसे घिनौना मानकर।

—क्या बोलता रहा बताइए तो सही।

—जानने से क्या लाभ ?

—प्रमाण की बात कर रहा था...

—प्रमाण ! प्रमाण !! प्रमाण!!

अपने बाप की इस चीख से दहल उठा। इसका आभास मेरी माँ को भी हुआ तो उसके दोनों हाथ एक साथ पेट पर आ गए। मुझमें एकाएक पैदा हो आया तनाव अपने आप खत्म हो गया।

11

मैं उस खलनेवाली बेसुरी आवाज की गूँज और उसकी हँसी की प्रतिध्वनि को देर तक सुनता रहा। सोचता रहा कौन हो सकता है वह व्यक्ति ! कहीं मेरी माँ को फोन पर परेशान करनेवाला ही मुझे भी तो परेशान नहीं कर रहा। पर इस आवाज का तो यह दावा था कि उसे कोई नहीं देख पाता जबकि फोनवाली आवाज के लिए तो जाहिर था कि वह दिखाई पड़नेवाले जीव की ही रही होगी।

इधर माँ की बोली और उसकी साँसों में मुझे परिवर्तन का आभास मिलने लगा था। साँसों की गति जहाँ कुछ बढ़ आती सी लगने लगी थी वहीं उसकी बोली अपनी ओज खो बैठी-सी लगती थी। मेरे बाप को भी ऐसा ही प्रतीत हुआ था तभी तो रात में उसने माँ से कहा था कि अब उसे अपना अधिक खयाल रखना जरूरी था। माँ-बाप की बातों से मुझे लगा था कि धरती पर एक-दूसरे से बातें करते रहना बड़ा जरूरी होता है। उससे जीवन्तता का बोध बना रहता है। न जाने क्यों कुछ दिनों से मेरी माँ बहुत कम बातें करती थी। उसकी चुप्पी मुझे खलने लगी थी। मेरे बाप को भी तभी तो उसे कई बार यह कहते सुन चुका था कि प्रिया, तुम बातें नहीं करती हो तो लगता है समय ठिठक गया है, हवा रुक गई है और कमरे में भारी उमस पैदा हो आई है।

एक लम्बी खामोशी के बाद मैंने अपनी माँ को पूछते सुना।

—आपके प्रमोशन का क्या हुआ ? डायरेक्टर कुछ कर पाए या वे भी हार मान बैठे ?

—अब भी रुका हुआ है। मेरा निदेशक भला आदमी है यों हार नहीं मानेगा।

—आपकी योग्यता और सेवा की प्राथमिकता के बावजूद ?

—जब सवाल राजनीतिक फर्माबरदारी और जाति विशेष का हो जाता है तो योग्यता और सरकार में सबसे लम्बी सेवा कोई खास मायने नहीं रखती।

अब भी कई ऐसी बातें थीं जो मेरी समझ से बाहर की थीं। राजनीति और जाति ये ऐसे शब्द थे जो पहले भी सुन चुका था पर ये दो शब्द न तो पहले समझ में आए और न ही आज। पर हाँ, इतना जरूर समझ पाया कि धरती पर धनी-गरीब, अच्छे-बुरे, आग-पानी, शान्ति-अशान्ति, प्यार-नफरत, हार-जीत तथा खूबसूरती-बदसूरती की तरह राजनीति और जाति भी बहुत अधिक बोले-सुने जानेवाले शब्द थे। मैं यह भी जान पाया था कि ये वे शब्द थे जो केवल सुनाई ही नहीं पड़ते बल्कि देखे भी जा सकते हैं।

मेरे माँ-बाप कुछ देर मौन रहे। पापा ही को पहले बोलते सुना।

--मेरी तरक्की की चिन्ता तुम क्यों कर रही हो प्रिया ! मैं तो चाहता हूँ कि आगे के दो सप्ताह तुम मेरी बच्ची के अलावा और कुछ भी मत सोचो। मेरे अपने जीवन की सबसे बड़ी तरक्की तो मुझे तुमसे मिलनी है और इस तरक्की को सरकारी तन्त्र लाख चाहकर भी नहीं रोक सकता। मुन्ने का जन्म मेरी सबसे बड़ी उपलब्धि होगा।

अपने बाप के आखिरी जुमले से मैं दहल गया।

वह भयानक हँसी और उसकी वह बेसुरी आवाज मेरे कानों में चुभन पैदा कर गई।

मैं सोच उठा।

...मेरे जन्म को मेरा बाप अपने जीवन की सबसे बड़ी उपलब्धि मान रहा है। उधर वह बेसुरी आवाजवाला मेरे जन्म को असम्भव बनाने की सोच रहा है। दोनों में कौन सच होकर रहेगा ? घुड़दौड़ में अपने बाप की हार का खयाल आया और मैंने अपने आपसे पूछा।

—क्या यहाँ भी मेरे बाप की हार होगी ?

—क्या वह आदमी अपनी हुकूमत को बनाए रखने के लिए मेरे जन्म को रोककर रहेगा ?...उसने इस काम के लिए मेरे सहयोग की बात की थी। मैं उसे सहयोग क्यों देने लगा ? क्या सचमुच यह आदमी मुझे जनमने से रोक सकता है ? मैं तो दादी से बार-बार यह सुनता रहा हूँ कि भगवान ने उसकी प्रार्थना सुन ली। उसका घर बच्चे की मुस्कान से चमक उठेगा। आँगन में मैं घुटनों के बल चल-फिर कर आँगन को दीप्तिमय कर जाऊँगा।

पर लगता है मैं घुड़दौड़ का घोड़ा बन गया। क्या कम-से-कम इस दाँव में मेरे बाप की जीत नहीं हो सकती ? दादी मुझे भगवान की देन मानती हैं और भगवान को वह सर्वशक्तिमान बताती हैं, तो फिर यह कौन आ गया उस सर्वशक्तिमान को चुनौती दे जानेवाला ?

मेरे माँ-बाप के बीच की चुप्पी के लम्बी हो जाने से मेरे अपने भीतर की आशंका भी बढ़ गई।

वह भयानक हँसी फिर सुनाई पड़ी।

माँ को यह बताकर दादी मन्दिर को चली गईं कि सीढ़ियाँ उतरकर वह रसोईघर में न

जाए। अंजू चाची से अपना खाना कमरे में मँगवा ले। इधर कुछ दिनों से मेरी माँ जब अकेली होती तो मेरे बाप की लाई हुई किताब पढ़ने बैठ जाती थी। मैंने अपने बाप को वह किताब माँ को देते हुए सुना था।

—प्रिया ! यह किताब पहली बार माँ बननेवाली हर स्त्री को पढ़ लेना जरूरी है। एक बहुत ही प्रसिद्ध फ्रांसीसी डॉक्टर की लिखी हुई पुस्तक है यह। इसके भीतर बच्चों की कई प्यारी तस्वीरें हैं। तुम उन्हें देखो तब तक मैं रसोई में चाय पीकर आ जाता हूँ।

मेरे बाप के जाते ही मैंने अपनी माँ को धीमे स्वर में कहते हुए सुना।

—पहली बार माँ बननेवाली..? तब तो मैं इस पुस्तक के लिए बूढ़ी ठहरी।

मैं अपनी माँ को धीमे स्वर में वह पुस्तक पढ़ते हुए सुनता रहा था। फ्रेंच भाषा के वे शब्द सुनने को अच्छे लगते थे पर मैं उनमें से केवल उन्हीं शब्दों को समझ पाता था जो इस घर में कभी कभार भोजपुरी और क्रिओली वाक्यों के बीच आ जाया करते थे। कई बार बीच-बीच में पुस्तक पढ़ना बन्द करके मेरी माँ मुझसे बातें करने लग जाती थी। आज भी उसने वैसा ही किया।

—मुन्ने ! इस घर का हर आदमी यह सोचता है कि तुम मेरी पहली औलाद होगे। तुम्हारे बाप तक को आज तक सही बात न बताकर मैंने बहुत बड़ा पाप किया है। तुम्हारा बाप मुझे जितना बेहद प्यार करता है अगर इतना अधिक प्यार नहीं किया होता तो अब तक मैं उसे सच्चाई बता गई होती। उस प्यार को खो बैठने के डर से मैं साहस नहीं कर पाई। बार-बार चाहकर भी बात बता नहीं पाई। पर मुन्ने आज बता कर रहूँगी। पर...पर मुन्ने मन में जो आशंका बनी हुई है अगर वैसा होकर रहा तो...?

पदचाप सुनाई पड़े और उसके साथ ही अंजू चाची की आवाज।

—अकेले में किससे बातें कर रही हो दीदी ?

माँ कोई उत्तर दे पाती कि चाचा बोल गया।

—कल तुमने अंगूर की बात की थी लो मैं ले आया हूँ।

—इतने सारे ?

—बस आधा किलो ही तो है।

—आज तुम दफ्तर से बहुत पहले आ गए। वहाँ की गोपियाँ तुम्हें इतनी आसानी से कैसे आने दिया ?

—अरे तुम मेरी हमदर्द होकर अंजू की तरह बात करने लगी ?

—मैं अंजू होती तो उसी की तरह तुम्हारे चोरी हो जाने से डरती रहती। मैं तो आज भी यह कहूँगी कि भगवान ने तुम्हें लड़की बनाने को सोचा होगा पर बाद में इरादा बदल दिया होगा। तभी तो इतना प्यारा चेहरा मिला है तुम्हें।

—और तुम अगर मुझे पहले देख ली होती तो मेरे भाई से शादी न करके मुझसे शादी कर जाती !

चाची को चुप्पी तोड़ते सुना।

—कम-से-कम मैं तो बोरियत से बच जाती।

—सुना भाभी ! यह मुझसे ऊब जाती है। इसके बावजूद कोसती रहती है कि मैं घर देर से पहुँचता हूँ।

—तुम दोनों का यह झगड़ा मुझे बहुत अच्छा लगता है। तुम दोनों खड़े ही रहोगे या बैठोगे भी ?

दोनों शायद एक साथ सोफे पर बैठे; तभी तो सोफे के कराह उठने की आवाज आई। मेरा बाप मुझे जितना ही गम्भीर प्रतीत होता मेरा चाचा उतना ही मनमौजी... वास्तव में यह बात मैंने पहले दादी से सुनी थी और उससे सहमत हो गया था। दादी ने मेरी माँ से कहा था।

—अगर हमारा यह आनेवाला मेहमान लड़का हुआ तो मैं चाहूँगी कि वह अपने छोटे चाचा की ही तरह खुशमिजाजवाला हो और अगर लड़की हुई तो तुम्हारे पति की तरह सौम्यता और गम्भीरता लिये हुए हो।

प्रायः हर शाम दादी मेरी माँ को रामचरितमानस और महाभारत की कथा सुनाने बैठ जाती थी। प्रायः रोज बोल जाती कि मुझे राम लक्ष्मण जैसा बनना है। अर्जुन और भीमवाली शक्ति मुझमें हो। जबकि मेरी चाची माँ से यह कहती कि अगर मैं लड़का हुआ तो मेरा चेहरा शशिकपूर जैसा होना चाहिए और लड़की हुई तो वहीदा रहमान जैसी। मैं बार-बार माँ से पूछता रहता ये वहीदा रहमान और शशिकपूर आखिर थे कौन ?

पर इस घर में कोई मुझे सुन पाए तब तो।

ऐसा खयाल आने पर मुझे शिवानी की याद आ जाती और उससे बातें करके उसकी आवाज सुनने की बेताबी मेरे भीतर मेरे जनमने की बेताबी जैसी हो जाती।

12

वही संगीत आज फिर सुनाई पड़ा।

फिर उसी पहलेवाले कुहासे के बीच से वह आकृति झिलमिलाई। मैंने चाहा कि वह अधिक स्पष्ट हो पर ऐसा नहीं हुआ। धुँधलके के बीच से उस संगीत से भी सुरीला स्वर सुनाई पड़ा।

—देखो अपने अतीत का एक और दृश्य। तैयार हो ?

मैंने प्रश्न का उत्तर देने से पहले अपने आपको देखा। प्रश्न का उत्तर देने के अपने इरादे को बदलकर मैं उस आकृति से पूछ बैठा।

—तुम्हीं हो मुझे फिर से दुनिया में ढकेलनेवाले ?

—अपने पिछले जीवन की भूल सुधारने का अवसर दिया जा रहा है तुम्हें।

—तो फिर मुझे उस पिछले जीवन की झलकियाँ दिखाकर मेरे पश्चात्ताप को और अधिक बढ़ा क्यों रहे हो ?

—ताकि तुमसे अनर्थ करानेवाले के बहकावे में तुम दोबारा न आओ।

—तुम रचयिता हो, तुम्हीं उसे अनर्थ करने से क्यों नहीं रोकते ?

—अगर मैं वैसा करने लग जाऊँ तो धरती पर मानव की भूमिका सार्थक कैसे हो पाएगी ?

—पर अगर उसकी जीत; जिसका वह दावा करता है, हो गई तो मेरी सार्थकता से अधिक तुम्हारी सार्थकता खतरे में आ जाएगी।

—तुम्हारी सार्थकता में मेरी सार्थकता है। तुम्हारा संकल्प बना रहा तो उस विनाशकारी शक्ति की जीत कभी नहीं हो सकती। उसकी जीत तो हर बार तब-तब हुई है जब-जब आदमी अपने संकल्प से लड़खड़ाया है। याद करो कश्मीर की घाटी के वे सारे दृश्य जब-जब तुम्हारे अपने भीतर की अच्छाई प्रलोभन में आकर बिकती रही है उस काली-अँधेरी ताकत के हाथों। देखना चाहते हो अपने उस पिछले जीवन के वे दृश्य ?

—नहीं, मुझे कश्मीर के वे दृश्य मत दिखाओ।

—इसका मतलब है कि इस बार कोई भी प्रलोभन अपने प्रयोजन के हित में तुम्हें बहका नहीं सकता।

—पर वह तो मुझे जनमने से रोकने जा रहा है।

—क्योंकि उसे मालूम है कि अगर तुम जन्म गए तो तुम आदमी और आदमी के बीच के अन्तर को और भी बढ़ाने में उसे रोकोगे। जिस छोटे से द्वीप में तुम जनमने जा रहे हो उसे नफरत, हिंसा और धार्मिक कट्टरता के हाथों जलने और विध्वंस होने से रोकना है। धार्मिक कट्टरपन्थी और हाई-इलेक्ट्रॉनिक बाढ़ में उसे डूबने से बचाना है।

—मेरे अकेले से ?

—दुनिया की हर अच्छाई एक अकेले आदमी ने शुरू की है और लोग उसके साथ जुड़ते गए हैं। पिछले जन्म में याद है अँधेरे का एक सिपाही, एक आतंकवादी रावलपिंडी में अकेला तुम्हारे सामने आया था। रहमान था उसका नाम...उसने सबसे पहले तुम्हें अपना शिष्य बनाया था फिर फेरोज़ और करीम को। तब तुम्हारी उम्र शायद ही पन्द्रह साल की रही होगी। जम्मू घाटी से फिर श्रीनगर में उसके स्वर-से-स्वर मिलाने के लिए कई लोग आ मिले थे।

न चाहकर भी मैं उस दृश्य को अपने सामने धधकते हुए देखने लगा...मैं पहली बार लाहौर से कश्मीर की सरज़मी पर पहुँचा था। रहमान की अगवानी में हमने श्रीनगर स्टेडियम में चार दिशाओं से गोलियाँ चलाकर लोगों के बीच दहशत पैदा कर दी थी। मैं कई लोगों को अपनी मशीनगन की गोलियों से गिरते हुए देखने लगा। फिर वह नजारा भी सामने आकर रहा जब टी.वी. टावर पर रहमान के साथ हमने बम फेंका था। मेरी आँखों के सामने लपटें धू-धूकर उठीं। और...मुझसे देखा नहीं गया। मैंने आँखें मूँद लीं।

—देखा न अपने ही किए को देखने का साहस तुममें नहीं है। इस गुनाह से रिहाई पाने के लिए तुम्हें जनमना होगा।

—वह मुझे जनमने नहीं देगा। और फिर मैं खुद जनमना नहीं चाहता।

—मैं जानता हूँ तुम जनमना क्यों नहीं चाहते।

—तुम जब सभी कुछ जानने का दावा करते हो तो फिर...खैर !

—तुम इसलिए जनमने से डर रहे हो क्योंकि तुम यह सोचते हो कि तुम्हारा खूँखार अतीत तुम्हारा जीना हराम कर देगा।

—हाँ-हाँ...मैं उस अतीत को भुला नहीं पाऊँगा।

—तुम्हारे जनमते ही तुम्हारा अतीत मर जाएगा। लाखों में एक ऐसा होता है जो जनमने के बाद कुछ समय तक अपने पिछले जीवन की स्मृति बनाए रखता है। पर विश्वास करो कि तुम उन लोगों में नहीं होगे। अभी जब तक तुम जनमोगे नहीं तुम्हें रह-रहकर तुम्हारा पूर्वजन्म तुम्हें सताता रहेगा। लेकिन पुनर्जन्म के बाद तुम्हें अपनी पिछली जिन्दगी की कोई भी बात याद नहीं रहेगी।

—पर मैं मुसलमान हूँ, इस पुनर्जन्म पर विश्वास नहीं करता। मुसलमान फिर से नहीं जनमता...

—तुम तो जॉन कीत्स को पढ़ते रहे हो। तुम्हारा प्रिय कवि है वह। वह तो पुनर्जन्म पर यकीन करता था। कहा न तुम डर रहे हो ! आदमी जनमता है तो मरता है, मरता है तो जनमता है यह सिलसिला तो चलता रहेगा।

—नहीं, ऐसा नहीं होता...मेरा मजहब....

—मजहब के नाम पर बात मत करो...मैंने धर्म की स्थापना की थी। उसका बँटवारा नहीं किया था। फिर अगर धर्म अलग-अलग रूप में मानवहित में काम करता है तो कबूल है मुझे। मैं सभी का हूँ सभी मुझमें हैं। मैं जीवन देता हूँ, जीवन लेता हूँ और जब तक सूरज उगता-डूबता रहेगा, अँधेरा और उजाला रहेगा, रात और दिन होते रहेंगे। आदमी जनमता, मरता और जनमता रहेगा। मरकर कोई किसी खास मजहब का नहीं होता। मजहब तो उस पर जन्म के बाद मजहबवाले लादते रहते हैं। तुम तो अपने पिछले जीवन में इंसान जन्मे थे फिर मुसलमान बने। और अपने दूसरे भाइयों को छलने तथा जिसे प्यार किया उसे हर हालत में अपनाने के लिए उसे धोखे में रखकर अपने को हिन्दू बताते रहे। कई हिन्दू भी तुम्हारी ही तरह अपने को इंसान से अधिक कट्टरपन्थी धार्मिक मानकर खून-खराबे करते रहे। किसी की मासूमियत और प्यार के साथ तुमने जो धोखेबाजी की है; उस किए के प्रायश्चित के लिए तुम्हें नया जन्म लेना ही होगा।

13

माँ और अंजू चाची की बातें अभी पूरी तरह सुन भी नहीं पाया था कि दोनों की आवाजें

दबती चली गईं। धुँधलके के बीच से आकृति और फिर आवाज आई।

—पहली ही घड़ी के उस मासूम के विश्वास की वह झलक देख लो।

फिर तो हिमकण की फुहारों के बीच से दौड़ती हुई उषा आती दिखाई पड़ी।

हम दोनों को किसी तीसरे व्यक्ति की गैरहाजिरी में वह हमारी पहली मुलाकात थी। मेले में उसके छोटे भाई को कई कदम पीछे छोड़ जाने के बाद ही मैंने उषा को वह नाजुक धमकी दी थी। बोला था कि कल शाम वह मुझसे अपने अंगरक्षक भाई के बिना मिलने नहीं आई तो मैं बर्फ की फुहारों के बीच मन्दिर के आँगन में पूरी रात बिता दूँगा। जब उसके सामने यह चुनौती रखी थी तो खुद को यह यकीन नहीं था कि उषा मेरी धमकी को सच मानकर सचमुच मुझ तक दौड़ती हुई आ जाएगी।

साँसों की तेज गति के कम होते ही वह बोली।

—अठारह वर्ष की उम्र में पहली बार बस्ती से बाहर आने का साहस कर पाई।

और जब आगे बोली तो उसकी आवाज और भी सुरीली हो गई थी।

—मेरे खानदान में ऐसा कर जानेवाली मैं पहली लड़की हूँ। कई बार मेरा बाप मेरी माँ के सामने मुझसे कहता रहा है कि उसकी बेटी उषा इस खतरे से भरते आ रहे जन्नत में दिलेरी के साथ अकेली घूम-फिर सकने की हिम्मत करे। जो मैं अपने बाप के कहने पर नहीं कर सकी, तुम्हारे कहने पर कर दिखाया।

—तो फिर डर कैसा ?

—डर ?

—तुम्हारी आँखों में डर तैरता दिखाई दे रहा है।

—इस बात का भय मेरे भीतर अवश्य था कि कहीं...

—कि कहीं क्या ?

मेरे सिर हिलाकर मान जाने पर वह बोली।

—अगर मैं नहीं पहुँचती तो क्या सचमुच तुम पूरी रात यहीं खड़े रह जाते ?

—हाँ।

—पर तुम तो अभी ही ठिठुड़े और सिकुड़े हुए दिख रहे हो।

—मैं बेसबर हूँ।

—मेरे आने के बावजूद ?

—तुम्हारे आने पर ही तो यह बेसब्री बढ़ आ गई है।

—समझी नहीं।

—तुम्हें आगोश में बाँध लेने की बेसब्री।

उसने मेरा हाथ थामा और हम जमीन की सतही बर्फ पर दौड़ पड़े। जहाँ-तहाँ बर्फ कुछ अधिक होने के कारण हमारी रफ्तार कम हो जाती और बारीकी आने पर हम फिर रफ्तार बढ़ा जाते। मन्दिर से काफी दूर निकल जाने पर उषा ने जमीन पर लुढ़कते हुए मुझे भी लुढ़का दिया। हम दोनों साँसें बटोरते हुए कुछ देर चुप रहे। फिर एकाएक गम्भीर होकर उषा बोली।

—मैं जब घर से निकलने लगी थी तो पहली बार माँ से झूठ बोली। बोली कि मैं मन्दिर जा रही हूँ। इस पर जानते हो मेरे बाप ने क्या कहा ?

—रोकना चाहा ?

—नहीं।

—तो फिर ?

—बोला—उषा सावधानी बरतना। इन दिनों हमारी धरती पर घुसपैठियों का ताँता बना हुआ है। अपनी आँखों में अकस्मात् आ गए भाव को उषा से छिपा जाने के लिए मैं सामने से आते हुए कुछ लोगों की ओर देखने लग गया। उषा बोलती गई।

—इस सप्ताह हमारी बस्ती से एक लड़के और एक औरत को उठा ले जाया गया।

अब तक मैंने अपने को सँभाल लिया था। भोले बन पूछ बैठा।

—क्या तुम्हें भी अपने उठा लिए जाने का डर लगने लगा है क्या ?

—तुम्हारे होते तो नहीं।

कुहासे से आवाज आई।

—इतने बड़े विश्वास की कदर नहीं हुई तुमसे।

और अँधेरा छा गया। अपने अस्तित्व का अहसास जाता रहा।

—अपने तमाम गुनाहों में उसी एक गुनाह का तो सबसे बड़ा खौफ है मुझे। कश्मीर में मैंने जो कुछ किया उसका मुझे कोई अफसोस नहीं पर...

—क्यों बेकसूरों को मौत के घाट उतारना, मन्दिर-मस्जिद दोनों पर हथगोले फेंकना, स्कूल के बच्चों तक को तुम और तुम्हारे दोस्तों ने नहीं बख्शा...तुमसे तो यह कहा गया था कि काफिरों को मारकर तुम जन्नत के हकदार हो जाओगे...हुए जन्नत के हकदार ? मुसलमानों पर जुल्म करनेवालों का भी यही परिणाम होगा। प्रायश्चित और भाईचारा।

—तुम मेरे जख्मों पर मिर्च मत छिड़को।

—तुमने अपने प्यार को धोखा देकर अपने को उसके धर्मवाला बताया। उसने तुम पर विश्वास करके मान लिया कि तुम लखनऊ के एक ब्राह्मण परिवार के हो...तुम्हारी इस भूल की सजा तुम्हारे लोगों ने तुम्हें न देकर उषा को दी। धमाके में अपने माँ-बाप की मृत्यु के बाद उषा को अपने छोटे भाई के साथ...

—बस करो।

—हाँ, इससे आगे तुम नहीं सुन सकते क्योंकि अब तुम्हारे ही साथी तुम्हारी जान के पीछे पड़े हुए हैं। इनसे तो तुम अपने को बचा लोगे पर इससे आगे जो हुआ, उससे अपने को कैसे रिहा कर पाओगे ? तुम्हारा अतीत तुम्हारा पीछा नहीं छोड़ेगा।

—मुझे मेरा अतीत दिखाकर मुझे अन्दर से लहूलुहान मत करो।

—इस खौफनाक अतीत को भूलने का एक ही तरीका है। नया जीवन। जब-जब तुम नए जीवन से भागने की कोशिश करोगे तो यह अतीत तुम्हें जलाता रहेगा। इसे

भूलने के लिए फिर से जन्म लेने की अपनी पहली बेसब्री को बरकरार रखना होगा। नया जन्म लेकर आदमी और आदमी के बीच खड़ी हो आई दरार को पाटना होगा।

कोहरे के बीच से मैंने अपने को एक चमकती नदी के किनारे खड़े पाया।

अपने बचपन और जवानी के कुछ धूमिल दृश्यों को देखता रहा। पर कई बातें दिमाग में कौंध कर भी साकार नहीं हो पा रही थीं। उन्हें साकार करने की कशमकश में मुझे पाकर चमचमाती नदी की तरंगों के बीच से आती आवाज मुझे अतीत की कहानी सुनाने लगी।

—तुम्हारी जिन्दगी की सबसे बड़ी त्रासदी यह रही कि तुम्हारा बाप तुम्हारे जनमने के दो महीने पहले भारत और पाकिस्तान युद्ध में मारा गया था। तुम्हारी माँ दर-दर की ठोकरें खाती हुई अपने ससुराल से मायके लौटने को विवश हो गई। वहीं एक कस्बे में तुम्हारा जन्म हुआ। खानदान की खरीखोटियाँ सुन और सहकर भी तुम्हारी माँ तुम्हें जन्म देकर रही थी। तुम्हारे जन्म की कोई सरकारी कार्रवाई वह नहीं कर पाई इसलिए तुम जीवन-भर बिन जन्मपत्री के रहे। यही कारण था कि किसी भी सरकारी स्कूल या दूसरे अच्छे स्कूलों में तुम्हारा दाखिला नहीं हो पाया। लोग तुम्हें गैर-कानूनी औलाद कहकर तुम्हारा मजाक उड़ाते रहे। दस साल की उम्र में कहीं जाकर तुम्हें एक-दूसरे कस्बे के एक मजहबी मदरसे में दाखिला मिला। तुम्हें पढ़ने का बड़ा शौक था इसलिए चौदह साल की उम्र में तुमने गाड़ियों की मरम्मत करनेवाली एक मेकानिकल गराज़ में नौकरी शुरू की और एक अंग्रेजी उस्ताद से अंग्रेजी पढ़ना शुरू किया। इससे आगे की बातें तो तुम्हें मालूम हैं...

हाँ, इससे आगे की सारी बातें मुझे मालूम थीं। कलपुर्जों और अंग्रेजी दोनों में मैं अपने सभी साथियों से अधिक तेज निकला। इसी दौरान मैं लाहौर से पहुँचा हुआ जमाईत-ए-तूलबा के नेता से मिला और तभी से मैंने अपनी अब तक की हासिल सभी जानकारी और हुनर जमात की खिदमत में रख दी। हथगोले और बम बनाने में मुझे महारत हासिल थी और इस्लाम समर्थक कई मुल्कों में जाली पासपोर्ट के साथ पहुँचकर मैंने प्रशिक्षण लिये और...खैर...

चमचमाती नदी के बीच वह शिकारे आता दिखाई पड़ा जिसका मुझे इन्तजार था। उषा के हाथ के साथ उसका दुपट्टा भी सलामी देता रहा। जवाब में भी अपने हाथ को ऊपर करके उसे दाएँ से बाएँ ले जाता रहा। अपने शलवार को घुटनों तक उठाकर उषा नाव से बाहर कूदी और दौड़ती हुई मुझ तक आ गई। उसके हाथ में फूलों से सजी एक डलिया थी। मैंने उसे बाँहों में बाँधा और जमीन से छः इंच ऊपर उठाकर उसके साथ खुद कई बार घूम गया। मुझसे छूटकर डलिया को हरी घास पर रखकर बैठती हुई बोली।

—आज मुझे आने में देर हो गई। अब्बू चाचा जान के शिकारे में दो सैलानी अपने छोटे बच्चे के साथ थे उन्हें उनके बोट-हाउस छोड़कर आना पड़ा।

—आज तुम्हारा अंगरक्षक तुम्हारे साथ नहीं आया।

—आना चाह रहा था मैंने उसे माँ के साथ बाजार भेज दिया।

—पाँच मुलाकात के बाद ही ऐसा कर पाई।

—कर तो पाई।

—सचमुच तुम अगले सोमवार को लखनऊ लौट जाओगे।

—जाना ही पड़ेगा। मेरा सम्पादक लेख का तकाजा कर रहा है।

—तुमने पूरा कर लिया ?

—पूरा ही समझो।

—रिपोर्ताज का शीर्षक क्या दे रहे हो।

—कश्मीर मेरी मेहबूबा।

—पर तुम्हारा लेख तो यहाँ की कला और परम्परा पर होना था।

—कला और परम्परा पर ही है।

—कला और परम्परा का मेहबूबा से क्या सम्बन्ध ?

—क्यों नहीं है, मैंने तुम्हीं में यहाँ की परम्परा और कला दोनों की झलक देखी है।

—मेरा भी चचेरा भाई पत्रकार है पर वह तो तुम जैसा रोमांटिक बिल्कुल नहीं।

—मैं भी तो नहीं।

—यानी कि यहाँ आने के बाद बन गए। छोड़ो इन बातों को। तुमने परसों कहा था कि तुम लौटने के लिए जा रहे हो। बताओ कब लौटोगे।

—अभी तो मेरे जाने में पूरे सात दिन हैं। अगर तुम मान लो तो यह लौटने का चक्कर ही समाप्त हो जाएगा। बोलो मानोगी मेरी बात ?

—मैं समझी नहीं।

—मैं तुम्हें अपने साथ ले जाना चाहता हूँ।

—यह कैसे हो सकता है ?

—क्यों नहीं हो सकता ?

—इन सात दिनों के भीतर हमारी शादी होकर रहेगी क्या ?

—अच्छा यह बताओ कि प्यार और शादी इन दोनों में कौन अधिक पाक है ?

—दोनों पाक हैं।

—पर परसों तुमने मुझे कश्मीर के कवि की जो कविता सुनाई थी उसमें तो यह कहा गया था कि प्यार ही आलम है प्यार ही खुदा तो फिर ?

—तो फिर क्या ?

—जब प्यार खुदा है और शादी एक रिश्ता तो क्या प्यार शादी से अधिक पाक नहीं ?

—जितेन्द्र !

—हाँ उषा।

—तुम सचमुच मुझे प्यार करते हो ?

—यह तो तुम मुझसे बेहतर बता सकोगी क्योंकि मैंने तो अपने दिल को तुम्हारे हवाले कर दिया है। जो अब मेरा नहीं उसकी जजबात मैं कैसे बता पाऊँगा। अच्छा अब तुम बताओ तुम मुझे बेहद प्यार करती हो ?

—मैं प्यार से प्यार करती हूँ और मेरा प्यार तुम हो।

—तो फिर मेरे साथ हिन्दुस्तान चलो।

—बिन शादी के ?

—अगर शादी प्यार से अधिक माने न रखती तो।

—शादी माने रखती है जितेन्द्र।

—अधिक तो नहीं।

—तुम मुझे बिन ब्याहे यहाँ से ले जाना चाहते हो ?

—तुम्हारी रजामन्दी पर।

—जब से तुम्हें प्यार किया है, हर रात, हर दिन लखनऊ के सपने देखने लगी हूँ। मैं तुम्हारे साथ लखनऊ पहुँचने को बेताब हूँ जितेन्द्र, लेकिन जिस तरह तुम चाह रहे हो उस तरह नहीं।

—तुम मुझे अपना प्यार मानती हो और यह कह रही हो कि मेरे साथ चलने को तैयार नहीं।

—मैं चलने को तैयार नहीं हो सकती। तुम्हें मुझे ले जाना होगा और कैसे ले जाना चाहिए इसे तुम भलीभाँति जानते हो। मैं तुम्हारे साथ उसी तरह जाना चाहती हूँ जिस तरह कभी तुम्हारी माँ अपने ससुराल पहुँची थी जिस तरह तुम्हारी बहन...

—चुप रहो ! मेरी कोई बहन नहीं और मेरी माँ...

—अगर तुम्हारी बहन होती तो क्या तुम...

—उषा शटअप ! शादी है ही क्या ? एक लाइसेंस, जिसके बिना मुहब्बत की कोई पहचान ही नहीं बनती ? प्यार को इतना कंगाल मत बनाओ उषा कि वह शादी का मुहताज रहे। शराब की दुकानें परमिट से चलती हैं, जुएघर को लाइसेंस चाहिए लोगों के पैसे हड़पने के लिए। प्लीज उषा प्यार को वही दर्जा मत दे बैठो। अभी हमारे सामने सात दिन हैं। मेरी बात पर गौर करने और अपनी मुहब्बत को बैसाखी थमाने से बचने के लिए काफी समय है। आई लव यू उषा।

—मैं भी तुम्हें बेहद प्यार करती हूँ जितेन्द्र।

—तो फिर प्रमाणित कर दो।

—क्या ?

—हाँ, प्रमाणित कर दो कि तुम मुझे बेहद प्यार करती हो।

—प्यार से प्रमाण माँग रहे हो ? अब्बू चाचा ने मुझे केवल आधे घंटे का समय दिया है। वह इशारा कर रहा है। मुझे जाने दो। रास्ते द्वारा यहाँ से जाने में बहुत समय लग जाएगा।

—तुम खफा हो गई।

—नहीं, बस जिस तरह तुमने मुझसे माँग की है कि मैं तुम्हारी बातों पर गौर करूँ उसी तरह मैं भी तुमसे माँग करती हूँ कि हमारे सामने सात दिन हैं तुम भी मेरी बात पर गौर करो।

—मुझे लगता है कि तुम मुझे गलत समझ गईं। मैं तुम्हें भगाकर ले जाना नहीं चाहता, मैं तुम्हें...

—बस, लखनऊ को यहाँ ले आओ, कश्मीर के इस टुकड़े को वहाँ ले जाने के लिए। मैं तुम्हारे और तुम्हारे दोस्तों के लिए कश्मीर के चुनीन्दे फूल ले आई हूँ।

उसने मेरे हाथ में फूलों की डलिया थमा दी। अपनी जगह से उठ जाने को हुई कि मैंने उसका हाथ पकड़ लिया।

—कल मिलोगी न ?

—कल नहीं, परसों।

—कहाँ ?

—झेलम के पुराने पुल पर।

—मेरी बात पर गौर करना।

—तुम भी।

धीमे कदमों से चलकर वह शिकारे की ओर बढ़ गई। बीच रास्ते में रुककर उसने मेरी ओर देखा और कहा।

—लखनऊ से आई मेरी मौसी ने दोबारा कहा है कि एक बार फिर मैं तुम्हें घर ले आऊँ।

मेरी ओर से कोई उत्तर पाए बिना ही वह शिकारे पर जा बैठी।

14

मन में आया कि अब मैं माँ की बातें नहीं सुनूँगा। उससे अनुत्तरित प्रश्न भी नहीं करूँगा। इधर जैसे-जैसे मेरे जनमने का दिन नजदीक आता जा रहा था वैसे-वैसे माँ को देखने और उसकी पहली सन्तान के लिए उसे बधाई और उसका हौसला बढ़ाने कई लोग आने लगे थे। कई तरह की बातें सुनने को मिल रही थीं। जो भी आता पहली सन्तान की ही बात करके जाता। आखिर इतने सारे लोगों को अँधेरे में क्यों रखा गया था। मेरी चाची बनाम मौसी मेरी माँ की तरह जानती थी कि मैं माँ की पहली औलाद नहीं तो फिर यह बात औरों को बताने से वे दोनों अपने को रोके हुए क्यों थीं ? मेरे बाप तक को यह नहीं मालूम कि मैं अपनी माँ का पहला बच्चा नहीं। यह कहाँ तक मेरे बाप के साथ इंसाफ था ?

पहली बार मेरे मन में यह खयाल पैदा हुआ।

क्या मैं अपने को जन्मने से रोक सकता था ?

मेरी माँ का वह पहला बच्चा क्या मेरी ही तरह उधेड़बुन में पड़कर जनमने से पहले मर गया था ? क्या कारण था उसके मृत जनमने का ? क्या कारण था मेरी माँ के इस सत्य को छिपा जाने में ?

मेरी माँ खामोश थी। साँसें तक चलती नहीं सुनाई पड़ रही थीं।

मैं घबरा उठा। मैं खुद माँ को नहीं सुन रहा था या वह स्वयं कुछ नहीं बोल रही थी। पर साँसों की आवाज तो सुनाई पड़नी चाहिए थी। माँ की यह खलनेवाली चुप्पी मुझे विचलित करने लगी। मैंने चीत्कारना चाहा पर इससे क्या होगा। कोई मेरी आवाज थोड़े सुन पाएगा। कुछ सोचकर मैंने हाथ-पाँव डोलाने शुरू किए। मेरे इन अंगों के डोलते ही मेरी माँ कराह उठी। उसका चीत्कार सुन मेरी दादी और चाची दोनों दौड़ती आ गईं।

मैंने झट हाथ-पाँव का चलाना बन्द कर लिया। उसके साथ ही माँ का कराहना बन्द हो गया। दादी और चाची के बीच बातें होती रहीं। मुझे उनकी बातें सुनने की तनिक भी इच्छा नहीं हुई। मुझे थकान-सी महसूस हुई। शायद जरूरत से ज्यादा ही हाथ-पाँव मारे थे मैंने। शिथिलता आती गई और मैंने धीरे-धीरे अपने को नींद के हवाले कर दिया।

फिर से वही कुहासा।

पर इस बार उसके बीच से कोई आकृति नहीं उभरी। मैं फूलों की क्यारियों के बीच खड़ा था। दूर से आते हुए संगीत के बीच से आवाज आई।

—आइन्दा जब भी तुम जितेन्द्र के रूप में अपने को पाओगे, जितेन्द्र कहें या अख्तर, तुम्हें अपने वर्तमान की कोई भी बात याद नहीं रहेगी। हर बार मेरी आवाज देने पर ही तुम अपने इस पहले रूप को देख पाओगे ताकि तुम अपने पिछले जीवन की गुमराही को समझ सको और अगले जन्म में एक अच्छे जीवन का संकल्प कर सको। आज से तुम्हारा पूर्वजन्म और तुम्हारा अगला जन्म नदी के दो अलग तट होंगे। आकाश के दो अलग क्षितिज। एक-दूसरे से दूर। जब वर्तमान में होगे तो अतीत की कोई याद तुम्हारे पास नहीं होगी। अतीत की झलक पाने पर वर्तमान की कोई भी जानकारी तुम्हें नहीं होगी। मेरे चाहने पर ही तुम वर्तमान से अतीत को लौट सकोगे और मेरी मर्जी पर ही तुम अपने भविष्य की हल्की झलक पा सकोगे।

मैं चिल्ला उठा।

—क्या तुम वही हो जो मैं सोच रहा हूँ।

—यह प्रश्न तुम पहले भी पूछ चुके हो। हाँ, मैं वही हूँ। मैं तुम हूँ, तुम मैं हो। सभी मुझमें हैं, मैं सभी में हूँ।

इसके साथ ही आवाज अनुगुंजित होती रही और धीरे-धीरे कुहासा मिटता गया और मैंने अपने को खुली हवा में ठंड से सिकुड़ते हुए पाया। फिर दूर से अपने सामने उषा को आते देखा। मेरे पास पहुँचकर वह दो कदमों के फासले पर खड़ी हो गई। उसके गुलाबी होंठों की तरह उसकी आसमान सी आँखें भी मुस्कुरा रही थीं। उसकी बाँहों से पहले उसकी धानी ओढ़नी मेरे गले से लिपट गई। और जब उसकी बाँहें मेरे गले

में आई तो मेरी आँखें अपने आप उस मधुर क्षण को अहसासने के लिए बन्द हो गईं। मेरे कानों के एकदम पास उसके स्वर का संगीत तरंगित हुआ।

—आने में देर हो गई जितेन्द्र। माफी चाहती हूँ।

मैंने उसके कान में फुसफुसाते हुए कहा।

—इन्तजार ने मेरी मोहब्बत की कीमत को और भी बढ़ा दिया उषा।

कोई आधे घंटे बाद हम दोनों पुरैन की पत्तियों से ढँपे जलाशय के पास खड़े थे जब उषा ने दहशत पैदा कर जानेवाले वह वाक्य कहे।

—मेरी बड़ी मौसी लखनऊ में ब्याही गई है।

आगे भी वह बोली।

—उसके घरवाले जिस लखनवी लहजे में बात करते हैं तुम उस तरह नहीं बोलते।

हम जब बिछड़ने को हुए तो उषा बोली।

—मेरी मौसी तुमसे मिलना चाहती है।

एक जोरदार गर्जन से मेरी नींद टूट गई।

इस तरह की गर्जन मैं पहले भी सुन चुका था और उससे डर गया था। मेरे उस डर की जानकारी मेरी माँ को तत्काल मिल गई थी। वह मुझसे बोल उंठी थी।

—डरते नहीं मुन्ने। यह बादलों की गर्जन है।

माँ की बात मुझे याद थी। मैं डरा नहीं। माँ और चाची की बातें अब भी जारी थीं, पर जो आवाज मैं सुन पाया वह चाची यानी कि मेरी मौसी की थी। लगा कि माँ की किसी अजीजी या दरख्वास्त पर वह बोल रही थी।

—ठीक है दीदी, मैं आज ही उस व्यक्ति से बात करती हूँ।

—पर याद रंखना तुम्हें उससे मेरी आवाज में बात करनी होगी।

—कहो तो अभी तुम्हारे ही सामने उसे फोन करती हूँ।

—प्रिया !

मेरे बाप की आवाज थी जिसे सुनते ही चाची बोली।

—बाद में फोन करेंगे।

—क्यों जाने लगी अंजू ?

—रसोई में माँजी मेरी राह देख रही हैं। सुजाता के काम पर न आने से रसोई का काम बढ़ गया है।

मेरे बाप के हाँफने की आवाज मुझे सुनाई पड़ी। जानते देर नहीं लगी कि वह मेरी माँ के एकदम बगल में आ बैठा था जहाँ से उठकर चाची रसोईघर को चली गई।

—प्रिया, तुम इसे मेरे लिए चूम दो।

—क्या है यह ?

—शनिवार की घुड़दौड़ पर एक जबर्दस्त दाँव।

रात में इसे एक आखिरी दाँव बताते हुए मेरा बाप काफी देर तक माँ की रजामन्दी चाहता रहा था। माँ ने रातवाली बात दोहराई।

—पर आप तो घोड़ों पर पैसे बहाना छोड़ चुके थे।

—मेरे एक साथी को उसके घुड़सवार दोस्त ने यह प्रोनोस्टिक दिया है। हम दोनों मिलकर दाँव लगा रहे हैं। इस बार पिक-सिक्स तीन मिलियन रुपए का होगा। हमारे जीतने का पूरा चांस है। इसे चूमकर इस चांस को और भी बढ़ा दो।

—यह क्या बचपना करने लगे।

—अरी पगली पहली बार इतना सीरियस हुआ हूँ। पूरे छः घोड़े जीत रहे हैं। यह देखो पहली रेस में नम्बर 3; दूसरी में नम्बर 4; तीसरी में 2; चौथी में 6; पाँचवीं में 1; और छठी में पाँच।

घुड़दौड़ की बात सुनते-सुनते मैं जैसे कि घुड़दौड़ देखने सा लगा था।

माँ के कूपन चूमने का आभास पाकर मैं अपने आपसे बोला।

—पापा जीत जाएँ तो अच्छा रहेगा।

अभी उस दिन रविवार को भी मेरी किसी ने नहीं सुनी थी। दोपहर के खाने के बाद मेरे बाप ने तरबूज काटने से पहले घर के सभी लोगों से पूछा था कि कितने लोग तरबूज को एकदम लाल बताएँगे और कौन उसे अधपका कहेगा। जब दादी, माँ और चाची ने उसे एकदम पक्का और एकदम लाल बताया था तो मेरा चाचा चुप रह गया था। उससे दोबारा पूछने पर मेरे चाचा ने कहा था कि वह तरबूज को अपने हाथों में लेकर उसे थपथपाने के बाद ही एकदम सही बता सकता है। वैसा करके उसने भी मान लिया कि सचमुच तरबूज एकदम पका हुआ था। मैं बोलता रह गया था कि तरबूज अधपका था और उसका रंग लाल न होकर अधगुलाबी था। किसी ने मेरी सुनी ही नहीं जबकि सभी का अनुमान गलत प्रमाणित होकर रहा और मेरी दादी बोल उठी थी।

—तुम तो बेटे जब भी इस घर में तरबूज लाए हो वह कटने पर कभी लाल हुआ ही नहीं। सोचा था इस बार मुन्ने के भाग्य से तुम्हारा लाया तरबूज अपनी सही रंगत दिखाकर रहेगा पर यह भी नहीं हुआ।

—पर माँ उस तरबूजवाले ने तो सूरज की ओर हाथ उठाकर गारंटी दी थी।

—व्यापारी जब सच बोलकर धन्धा करने बैठेगा तो घर का आटा गीला कर बैठेगा।

दादी से पूछना चाहा कि उसके कहने का मतलब क्या था। अपनी बेवकूफी पर हँसी आ जाने पर चुप ही रहा।

मेरा चाचा आज फिर कोई नई चीज मेरे लिए ले आया था। मैं जान पाता कि वह क्या चीज थी कि उससे पहले रेडियो से आनेवाला गीत एकदम बन्द हो गया। माँ और चाचा की बातचीत भी अनसुनी रह गई और मेरे कानों में आवाज आई।

—आनन्द ! अपना एक और रूप देख ही लो।

इस आवाज के साथ मैंने अपने को सरसों के पीले फूलों से भरे खेतों की एक पगडंडी पर अपने को उषा के साथ चलते हुए पाया। चन्द मिनट पहले मुझसे अपना हाथ छुड़ाकर उषा बस्ती को दौड़ जाने को हुई थी कि मैंने उसकी बाँह पकड़कर उसे खेतों के बीच की पगडंडी पर खींच लिया था। पहली बार उसकी आवाज में दर्द और नफरत का मिला-जुला बोध हुआ मुझे।

—जितेन्द्र मुझे घर लौट जाने दो।

—पहले यह बाताओ कि आज एकाएक तुम्हें क्या हो गया ?

—कह तो दिया कि तुम मेरे साथ झूठ और मक्कारी के साथ पेश आए हो।

—और जो प्यार मैं तुम्हें करता हूँ ?

—और फरेब को मैं सच्चा प्यार समझ बैठी थी।

—वह सच्चा प्यार है उषा।

—सच्चे प्यार में झूठ नहीं बोला जाता, धोखा नहीं दिया जाता, अपना नाम नहीं बदला जाता।

—मैंने जो कुछ किया प्यार कर बैठने और अपने प्यार के लिए किया।

—अब जब मुझे तुम्हारी सच्चाई का पता चल गया है तो झूठ पर झूठ क्यों बोले जा रहे हो ? यहाँ पर मैं मुसलमान लड़कों को राखी बाँधती हूँ। उनके परिवार मुझे प्यार करते हैं। तुम अगर मुझे प्यार करते तो अपना मजहब छिपाकर अपने को मेरे धर्म का बताने का पाप नहीं करते। तुमने अपने और मेरे धर्मों का अपमान किया। और अब जब तुम से तुम्हारी असलियत जानना चाहती हूँ तो झूठ पर झूठ बोले जा रहे हो। मेरे सिर पर हाथ रखकर कहो कि तुम सचमुच लखनऊ से यहाँ आए हो पाकिस्तान से नहीं।

—हमारे प्यार में इससे क्या अन्तर पड़ेगा ?

—मैं लखनऊ के एक लड़के को प्यार कर बैठी थी; यह प्यार मैं पाकिस्तान के एक लड़के से भी कर सकती थी; पर एक आतंकवादी से मैं प्यार नहीं कर सकती।

—तुमने मुझे प्यार किया था और करती हो। जिसे प्यार करती हो वह तुम्हारे साथ चल रहा है।

—नहीं, मैं तुम्हें प्यार नहीं करती। मैं तुम्हारे साथ नहीं चल रही हूँ घसीटी जा रही हूँ। छोड़ दो मेरा हाथ।

मैं चिल्ला उठा।

—यह हाथ मैंने छोड़ने के लिए नहीं पकड़ा।

—देखो, सामने से मेरी बस्ती के लोग आ रहे हैं। अगर जान प्यारी है तो यहाँ से निकल भागो। ये जो सामने आ रहे हैं मुसलमान हैं और तुम जैसे उग्रवादी मुसलमानों को किसी भी हालत में नहीं बख़्शेंगे।

मेरी नजर सामने से आते हुए कुछ लोगों पर पड़ी। मेरी पकड़ ढीली होते ही उषा अपनी बाँह छुड़ाकर लोगों के बीच दौड़ गई। मैंने जब पाया कि वे लोग मेरी ओर झपटने को हुए तो मैं पीछे को दौड़ गया।

15

शाम को शिवानी की आवाज सुनकर एक सुखद हैरानी हुई। मेरे फूफा-फूफू उसे लिये घुड़दौड़ देखने आए थे। उसके माँ-बाप की बोली से पहले मुझे उसकी बोली सुनाई दे गई थी। उसने सीधे मुझसे बात करते हुई मेरा हाल जानना चाहा था। अपना हाल बताकर उसने मेरा हाल पूछा। उसकी बोली को न समझकर मेरी माँ यही सोचती रही कि शिवानी उससे बात कर रही थी। उसी की बोली की नकल करके माँ उससे बातें करती रही। माँ की बातों की परवाह किए बिना शिवानी मुझसे बातें करती रही।

हम दोनों की बातों के बीच माँ तो अपनी बोले ही जा रही थी। ऊपर से शिवानी के माँ-बाप आते ही अपनी-अपनी बोल उठे। मेरे मौसा ने जिसे सुनने का दूसरा अवसर था बोल गया।

—वाह प्रिया, यह तो हमसे इस तरह से बातें कभी करती ही नहीं।

—अंजू भी उस दिन यही कह रही थी।

उन लोगों की बातों की अनुसनी करके मैं शिवानी से बातें करने लगा।

—तुम इससे पहले क्यों नहीं आई ?

—मैं अपने आप कैसे आ सकती ?

—तुम चल जो लेती हो !

—हाँ, लेकिन गाँव से निकलकर शहर आना; एक कमरे से दूसरे कमरे में पहुँचना थोड़े ही होता है।

—तुम कार से आई हो ?

—हाँ।

—तुमसे एक बहुत जरूरी बात करनी है। पहले मुझे यह तो बताओ कि घुड़दौड़ के बारे में तुम क्या जानती हो ?

—वही देखने तो आए हैं हम लोग।

—इसमें घोड़े पर पैसे...दाँव...हार-जीत...इन बातों की जानकारी है तुम्हें ?

—घर पर अपने चाचा से सुनती रहती हूँ। हारने-जीतने की बातें होती रहती हैं पर इससे ज्यादा मैं कुछ जानती ही नहीं।

—मेरा बाप कल की रेस में एक बड़ी रकम की उम्मीद कर रहा है लेकिन...अच्छा होता अगर वह जीत जाता।

—अपनी दादी को कहते सुनती रही हूँ कि जीतते तो बहुत कम लोग हैं; ज्यादा लोग हारते ही रहते हैं। मेरा बड़ा चाचा तो घुड़दौड़ में इतना हारता रहा कि पागल हो गया। आज भी पागलखाने में है।

—वह क्या होता है ?

—क्या ?

—पागल।

—मैं जो कुछ सुनती रहती हूँ सभी समझ में थोड़े ही आती है।

—समझने की जरूरत भी नहीं।

—मुझे तो ये लोग सुन ही नहीं पाते और तुम्हें सुनकर भी तुम्हें समझ नहीं पाते। है न यह सभी कुछ बड़ा अजीब ? पर ये लोग तुम्हारी जबान क्यों नहीं समझते ?

—क्योंकि मैं अभी उनकी जबान सीख नहीं पाई हूँ। समझ सकती हूँ बोल नहीं पाती।

—कब तक उनकी जबान बोलना सीख पाओगी।

—लोगों की बातों से तो यही लगता है कि कुछ बच्चे मेरी उम्र में बोलने लग जाते हैं और कुछ बच्चे थोड़ा और समय लेते हैं।

—तो तुम उनमें क्यों नहीं हुई जो तुम्हारी उम्र में बोलने लग जाते हैं ?

—यहाँ पर सभी कुछ चाहने से नहीं होता है।

बाकी लोगों ने अपनी बातों से मुक्त होकर शिवानी से बातें करनी शुरू कीं। शिवानी की जुबान की नकल करके वे जो बोल रहे थे मेरी समझ से बाहर था। शिवानी से बातें करके कुछ नई बातें जान पाया था। बच्चे को बहुत प्यार किया जाता है फिर भी न जाने क्यों कड़वी दवाइयाँ मजबूरन पिलाई जाती हैं। सुई चुभाई जाती है। खाने-पीने को विवश किया जाता है। बच्चे का रोना बहुत जरूरी होता है। कई बार ऐसा होता है कि जब तक रोया न जाए कोई गोद नहीं उठाता। कई बार रोने के बाद माँ दूध पिलाती है।

शिवानी ने मुझे अपने बारे में बताया कि किस तरह वह अपनी माँ के हाथ से फोन छीन लेती है। अपने बाप की पुस्तकों को उलटती-पलटती है। अपने दादा की ऐनक नोचकर नीचे गिरा देती है। रेडियो से गाने सुनकर किस तरह नाच उठती है। घर का कुत्ता टाइगर उसके साथ कितना हिला-मिला रहता है। चलाना उसे दादी ने अँगुली थामकर सिखाया था। घर में सबसे अधिक बोलते रहनेवाली चाची अब उसे गोद नहीं लेती क्योंकि उसने उसे जब भी गोद में लिया शिवानी उसके कपड़े गीले करने से नहीं चूकी। बच्चे का जीवन मुझे बड़ा मनोरंजक लगा चाहे शिवानी ने यह भी क्यों नहीं बताया कि उसे घर पर अपनी खुशी से कुछ भी करने नहीं दिया जाता। बाल्टी के गुनगुने पानी में उसे थपकियाँ मारने नहीं दिया जाता। अँगुली जो उसे चूसने में अच्छी लगती है उसे चूसने नहीं दिया जाता। उसकी जगह न जाने प्लास्टिक की वह कौन सी चीज होती है जो उसके मुँह में रख दी जाती है। उसे अपने पाँवों चलकर आँगन में जाने नहीं दिया जाता। माँ की कपड़े सीनेवाली मशीन को ठीक बिजली बत्ती की तरह छूने की इजाजत नहीं दी जाती उसे।

रात में मैंने एक बार फिर शिवानी से कहा कि वह मेरे बाप से कल की घुड़दौड़ में दौड़नेवाले घोड़ों को बदलने को कहे। इस पर मैंने शिवानी को एक निराले ढंग से मुस्कुराते पाया। मैंने पूछा।

—तो तुम मुझे देख नहीं पाती तो फिर मुस्कुरा किससे रही हो ?

—वह जो सामने मुझसे मुस्कुरा रहा है।

—तुम मेरे बाप को घुड़दौड़ में जितवाती क्यों नहीं?

वह फिर मुस्कुराई। मैंने फिर पूछा।

—क्यों नहीं।

—जो पहले से निर्धारित है उसे स्वयं बदलने की चेष्टा से बदला जा सकता है पर कोई और उसे आपके लिए नहीं बदल सकता।

—शिवानी ! यह तुम्हारी आवाज नहीं थी।

—पर मेरी आवाज हो भी नहीं सकती।

—तो फिर किसकी आवाज थी।

—जो मेरे सामने खड़ा मुस्कुरा रहा है।

—कौन है वह ?

—वही तो है सभी कुछ।

शिवानी के चले जाने का दुःख इस बार भी हुआ।

इस बार भी ऐसा ही लगा कि उससे जी भर बातें कर ही नहीं पाया। घुड़दौड़ के बाद घर लौटे अपने बाप को केवल इतना कहते सुना।

—धनपति बनते-बनते रह गया।

—क्या कमी है इसमें ?

—इससे बेहतर औकात की; जो मुझे अपनी औलाद के लिए चाहिए।

मुझे अपने माँ-बाप की बातों में विशेष रुचि नहीं थी इसलिए मैं शाम को माँ की बगल में बैठी चाची की फोन पर हुई बातों की अनुगूँज को फिर से सुनने लगा। उसने एकदम मेरी माँ की ही आवाज में बात की थी।

—देखो भूपेन, इस समय घर पर मैं अकेली हूँ इसलिए आज मैं पूरा समय लेकर तुम्हें यह बता देना चाहती हूँ कि मेरे जीवन में अब तुम्हारे लिए एक सेकेंड का भी स्थान नहीं है। और यह भी जान लो कि मैंने तुम्हारी धमकी से डरकर तुम्हें फोन नहीं किया है बल्कि इसलिए किया है कि तुम यह जान जाओ कि यह मेरा घर मेरा स्वर्ग है। इस स्वर्ग में धन के लोभी किसी शैतान के लिए कोई जगह नहीं। यह सही है कि हम दोनों एक फैक्टरी में काम करते हुए एक-दूसरे के करीब आए थे तो मैं तुमसे ब्याह करने को तैयार हो गई थी। मैं तुम्हारे बच्चे को अपने पेट में लिये हुए थी जब एक दिन अचानक तुम यह कहकर फ्रांस चले गए कि वहाँ बेहतर नौकरी पाते ही मुझे अपने पास बुला लोगे। मेरे न चाहने पर भी तुम मुझे छोड़कर चले गए। तुमने फ्रांस से न ही कभी कोई चिट्ठी लिखी, न कभी अपना पता भेजा। मैं तुम्हारी प्रतीक्षा में आँखें बिठाए रही। भाग्य ने यहाँ भी मेरा साथ नहीं दिया। जिस बच्चे के आसरे जी रही थी वह भी मुझे छोड़ गया। वर्षों बाद आज जब मैं अपने नए जीवन में खुश हूँ तो तुम मेरी इस खुशी

को मुझसे छीन लेने आ गए। वह भी पैसे का लोभ देकर।

पल-भर की चुप्पी रही और फिर मैंने चाची को अधिक ऊँचा बोलते सुना था।

मैं पहले ही कह चुकी हूँ कि मुझे तुमसे कुछ भी सुनना नहीं है। तुम्हें मुझे सुनते रहना है और पूरे ध्यान के साथ। मुझे तुम्हारे बैंक बैलेंस से कोई मतलब नहीं। रही बात ऐशो-आराम की तो वह सब कुछ तुम्हें ही मुबारक हो। बस, मुझे तुमसे इतना पूछने दो कि क्या इतने लम्बे समय तक मैं जिस दुःख को झेलती रही हूँ, अपनों तक के जो ताने सुनती रही हूँ, वे सारी जो रातें बिन सोये बिताती रही। वे दिन जिनमें दर-दर की ठोकरें खाती रही फिर भी अपने भीतर की उम्मीद को कभी मरने नहीं दिया। रिश्तेदार और दोस्त जब पूछ उठते थे कि क्या अब भी उसका कोई खत नहीं मिला तो मेरे ऊपर क्या गुजरता था। मेरी जवानी जो मुझसे छिन-सी गई थी, मेरा एकाकीपन, मेरे आँसू, मेरी आहें, मेरे दर्द तथा वे सभी कुछ जो मैं गँवाती रही उन्हें तुम अपनी धन-दौलत से वापस ला सकते हो ? अगर तुम मेरा अतीत मुझे नहीं लौटा सकते तो मेरा भविष्य भी तुम्हारे बस की बात नहीं।

मेरी माँ की धड़कनें भी तेज सुनाई पड़ने लगी थीं पर मैं उन साँसों पर ध्यान देकर चाची को सुनता रहा था।

—चुपचाप सुनो और अपने परिवार की बात मेरे सामने मत रखो। तुम्हारे देश छोड़ने के एक ही सप्ताह बाद मैं तुम्हारे माँ-बाप, भाई-बहन सभी के सिर का बोझ बन गई। मेरा बाप ससुराल छोड़ आई बेटी को घर रखकर गाँव की चुभनेवाली बातें सुनने को तैयार नहीं था इसलिए चाहकर भी मेरी माँ मुझे उस घर में आश्रय नहीं दे सकी जिस घर में मैं जन्मी थी। मुझे अपनी चाची के घर रहकर कई बेकार महीने बिताने पड़े तब कहीं जाकर एक-दूसरी फैक्टरी में नौकरी पा सकी। बहुत बाद में एक दिन मेरा बाप आकर मुझे घर लौटा ले गया। पर वह घर जहाँ मैंने बचपन के गीत गाये थे, गुड़ियों के खेल रचाए थे और जहाँ भविष्य के सपने बुनती रही थी मुझे खुशी नहीं दे पाया।

मैंने माँ की सिसकियाँ सुनी। मैं झट पूछ उठा।

—तुम रो रही हो माँ ?

चाची की आवाज कुछ धीमी पड़ गई।

—मैं जीवन-भर बिलखती-रोती रही। गाँव की पुष्पा चाची पेरिस की अपनी बेटी के यहाँ कुछ सप्ताह बिताकर लौटी तो उससे पता चला कि तुम वहाँ एक फ्रांसीसी लड़की से सिविल मैरिज करके दो लड़कियों के बाप बन गए थे। मुझसे तो मेरे परिवार के बार-बार के अनुरोध पर भी तुम हमारे धार्मिक ब्याह को अटूट बताते रहे थे। कभी सिविल मैरेज के लिए तैयार हुए ही नहीं थे। बस, जिस दिन पुष्पा चाची से तुम्हारे सरकारी ब्याह और दो बेटियों की जानकारी मिली मैंने तुम्हें हमेशा के लिए अपने मन-मस्तिष्क से बाहर कर दिया। फिर तो दूसरे ही साल बाद मेरे जीवन में मेरी खुशियों को वापस लानेवाला आ गया। कुछ ही दिनों में मैं उसके बच्चे की माँ बनने जा रही हूँ।

—...

—किस मेरे-तेरे बच्चे की बात कर रहे हो तुम ? जब उस बच्चे ने खुद प्राणसहित जनमने से इनकार कर दिया तो मैं क्या कर सकती थी। वैसे भी वह सतवाँस जन्मा था। सात ही महीने में वह बेजान जन्मा था।...क्या कहा तुमने ? मैंने तुम्हारे उस बच्चे की जान ली ? बड़े कमीने हो तुम !

और इस वाक्य के साथ ही फोन रखे जाने का खटका सुनने को मिला था।

रात में मैं माँ से बार-बार पूछता रहा था कि क्या सचमुच उसने अपने पहले बच्चे की हत्या की थी। क्या ऐसा भी हो सकता है ? मन में कई सवाल उठते रहे जो अनुत्तरित रह गए।

16

दादी के कमरे से आरती की केवल ध्वनि सुनने को मिल रही थी। वह भी अचानक विश्वप्रणेता की फुसफुसाहट से अनसुनी रह गई।

—आनन्द ! आरती के समय तुम्हें झपकियाँ आने लगीं ?

मुझे लगा कि बहुत गहरी नींद के बीच किसी ने मुझे झकझोर कर जगा दिया हो। आनन्द के रूप में न पाकर मैंने अपने को अख्तर बनाम जितेन्द्र के रूप में अपने को उषा के घर के सामने खड़े पाया। पाँच दिन में पाँचवीं बार के लिए मैं उस आस के साथ उस ठंड में खड़ा था कि उषा कम-से-कम मुझे खिड़की से तो दिखाई पड़ जाए। दो दिन पहले उसका भाई केतन दुकान से कुछ लेने जाते हुए मिल गया था। उससे पूछा था कि कहीं उषा बीमार तो नहीं। उसके उत्तर से मन और भी दुखी हो गया था। मैं उससे दोबारा जानना चाहता था कि क्या सचमुच उषा मुझसे मिलना नहीं चाह रही थी। एक छोटी सी हाँ कहकर वह दुकान को दौड़ गया था। लौटते वक्त वह सीधे मुझ तक पहुँचकर केवल इतना बोलकर घर को दौड़ गया कि उसकी माँ नहीं चाहती कि उसकी बहन मुझसे मिले।

दौड़कर मैं केतन के आगे जा पहुँचा। दो दिन पहले से जो चिट्ठी मेरी जेब में थी उसे केतन को थमाकर कहा।

—अपनी माँ की नजर बचाकर उषा को दे देना, कहना कि मैं उसका उत्तर पाए बिना यहाँ से नहीं हटूँगा।

रात हो जाने पर उत्तर पाए बिना मैं अपने दोस्तों के बीच लौट आया था।

मैंने अपनी घड़ी देखी। दोपहर के ढाई बजने को थे। ठीक तीन बजे हम चारों मुज़ाहिदिनों को कश्मीर के अपने आदमियों के बीच पहुँचकर अगले मिशन की योजना बनानी थी। रात में हमें वादी के दक्षिणी इलाके की एक बस्ती से बारूद और विस्फोट के दूसरे सामान लेने थे। फिरोज़ मुझे चेता चुका था कि मैं वक्त पर उनके बीच नहीं

लौटा तो वह मेरे दोस्तों के साथ यहाँ पहुँच आएगा। मैं नहीं चाहता था कि ऐसा हो। इसलिए और पाँच मिनट इन्तजार करके मैं अड्डे को लौटने लगा। चौराहे से पहले नर्गिस के फूलों की क्यारियोंवाले ठौर पर पहुँचा ही कि पीछे से केतन की आवाज आई।

तेज़ धड़कनों के साथ मैं रुक गया।

दौड़ा हुआ केतन मुझ तक पहुँचा। अपनी टोपी को गिरने से रोकते हुए बोला।

—दीदी ने दिया है।

और उसने मेरे हाथ में एक लिफाफा थमा दिया।

मैंने केतन को कन्धे से थामा और उसके माथे को चूम लिया। अड्डे तक पहुँचकर चिट्ठी पढ़ने का धैर्य मेरे भीतर था ही नहीं। केतन के लौटते ही मैंने लिफाफा खोला और चलते हुए रास्ते ही में चिट्ठी पढ़नी शुरू की। बहुत छोटी चिट्ठी थी पर मेरे रास्ते को बहुत लम्बा कर दिया और मेरे दर्द को और भी दर्दनाक कर गई। चाहा कि मुड़कर पीछे को दौड़ जाऊँ और सीधे उषा के सामने पहुँचकर रहूँ। ऐसा कर भी जाता अगर सामने से मुझे अपने तीनों साथी आते हुए दिखाई न पड़ जाते।

आधी रात को कश्मीर के अपने पाँच, सर से पाँव तक हथियारों से लैस, साथियों के साथ हम कश्मीरी पंडितों की बस्ती की ओर बढ़ गए। हमारी अगवानी करनेवाला कभी डोगरी तो कभी उर्दू में चिल्लाता रहा था।

—पंडितो, हमारी जमीन हमारे लिए छोड़ जाओ साथ में अपनी बीवी-बेटियाँ भी। जम्मू कश्मीर हमारे हैं। यहाँ के जानवर और परिन्दे तक पाकिस्तानी हैं।

जिन्दगी में पहली बार मैंने चार सदस्यों के कश्मीरी ब्राह्मण परिवार को एक ही हथगोले से उनकी किताबों सहित जहन्नुम को भेज दिया। उनकी चीख की जगह उषा की आवाज मेरे कानों में गूँजती रही।

--तुम उग्रपन्थी हो, हत्यारे हो। कश्मीर की जनता के दुश्मन हो। भूल जाओ मेरे और अपने हित में कि हम कभी मिले थे। मस्जिद और पूजाघर को न बख्शनेवाले जल्लाद हो तुम।

दूसरा गोला मैंने उन गद्दार मुसलमानों पर फेंका जो काफिरों को पनाह दिए हुए थे।

करीम की लाई हुई बोतल मैंने खोली।

जिन्दगी में पहली बार मैंने तोबा से तोबा किया फिर भी जो बेसुधी चाह रहा था वह नहीं मिल पाई। दर्द बना रहा। खून खौलता रहा।

खून तो अपना हमेशा खौला था। अफगानिस्तान के ट्रेनिंग कैम्प भी जहाँ हमें हमारे लोगों पर जुल्म ढानेवालों के कारनामों की वीडियो रेकॉर्डिंग दिखाई गई थी। खून तब भी खौला था जब पाकिस्तान और हिन्दुस्तान के बीच जंग छिड़ा था और पाकिस्तान के दो टुकड़े हुए थे। जब मुसलमान ने मुसलमान का खून बहाकर बँगला देश का झंडा

फहराया था। इस रेकॉर्डिंग को बार-बार हमें दिखाया गया था और बार-बार मेरा खून खौला था।

आज भी फतह के बाद खून खौलता रहा। बस, तब और अब में अन्तर सिर्फ इतना था कि तब नफरत ने वैसा करवाया था, आज मुहब्बत ऐसा कर रही थी। खून खौलता रहा और जेहन में जोरदार ख्वाहिश पैदा हुई कि अगर तू मेरी नहीं बन पाई तो किसी की नहीं बन सकती। तुम्हें भी उड़ा दूँगा हथगोले से। किसी ने अब तक नहीं किया होगा मोहब्बत का खून तो मैं करके रहूँगा। बम न सही खंजर से तुम्हारा खात्मा कर दूँगा और...

माँ और चाचा की बातों से पता चला कि मेरा बाप अपनी तरक्की से वंचित रहकर बहुत अधिक दुखी था। लेकिन जब वह माँ से बातें करता होता तो अपनी बातों से यही जाहिर करना चाहता था कि वह उस तरह की धाँधलियों का आदी हो चुका था। मैंने अपने बाप को माँ से कहते सुना।

–ये राजनेता अन्याय को जन्म नहीं देते बस उसे कायम रखे रहते हैं।

इसका क्या अर्थ हुआ मैं समझ नहीं सका।

इस तरह की कई बातें होती थीं जिन्हें मैं समझने की कोशिश भी नहीं करता। कल मैंने शिवानी की माँ डॉ. वैभवी को माँ से बातें करते समय यह कहते सुना था कि मेरा बाप अगर मन्त्री की जाति के होते या उसकी पार्टी का आदमी होते तो कब का प्रमोशन पा चुके होते।

मेरे बाप ने कहा।

–और फिर तरक्की की इस चक्की में पिसे जानेवाला मैं अकेला थोड़े ही हूँ। यह तो हमेशा से हर जगह होता रहा है। मुझसे पहले और मेरे बाद भी लोग इस धाँधलेबाजी के शिकार होते रहे हैं और होते रहेंगे।

–आप मेरे हौसले को बढ़ाने और दुःखी न होने के लिए ऐसा कहते हैं।

–नहीं, मैं तुमसे यह कहना चाह रहा हूँ कि जब तुम मेरे जीवन में हो तो मुझे और किसी तरक्की की जरूरत नहीं। तुम ही मेरी सबसे बड़ी तरक्की हो। मेरे लिए तुमसे बड़ी खुशी दूसरी हो ही नहीं सकती।

–शायद यह बात आप पहले भी कह चुके हैं।

–आगे भी कहता रहूँगा।

मन में आया कि मैं पूछूँ तो क्या अब मेरे बाप को मेरे जन्म पर भी खुशी नहीं होगी पर लगा कि मेरी माँ ने मेरे मन की बात को ताड़ लिया। झट पूछ बैठी।

–तो क्या हमारे बच्चे के जनमने की खुशी...

–वह तो मेरी-तेरी-पूरे परिवार की सबसे बड़ी खुशी होगी।

–तो फिर एक काम करें।

—क्या ?

—अगर हमारा मुन्ना हम सभी की सबसे बड़ी खुशी होगी तो हम उसका नाम आनन्द रखेंगे।

—और मुन्नी हुई तो ?

—मुन्ना होगा।

—अगर मुन्ना हुआ तो अवश्य ही उसका नाम आनन्द रखेंगे। लड़की हुई तो आनन्दी।

17

मेरी ओर देखते हुए फेरोज़ चीख उठा।

—मत भूलो उस फतवे को। मत भूलो अपने कसमेवादे को।

फ़ेरोज़ की वह चीख मेरे कानों में झनझनाती रही और इसके साथ ही मेरी आँखों के सामने अफगानिस्तान की दूर-दराज आमू-दरिया से और आगे की घाटी और वहाँ के उस आखिरी दिन का वह जश्न झिलमिला उठे। तीन ओर पहाड़ियों से घिरे हुए फुटबॉल ग्राउंड से अधिक विस्तृत मैदान और उसके तीन भाग की वह पुरानी इमारत जहाँ पहुँचने के लिए एक ही रास्ता था वह भी दुर्गम। तीस कमरे और दो लम्बे-चौड़े हॉल जिनमें तीन महीनों की हमारी ट्रेनिंग की वे आखिरी नसीहतें और हिदायतें मुझे तिलमिला गईं। कोई दस मुल्कों के हम डेढ़ सौ मजहब के सिपाही एक ही तरह की वर्दी में कभी उर्दू, कभी पस्तू तो कभी अंग्रेजी, कभी अरबी में तकरीरों को सुनते और हर तरह के हमले तथा बारूद और बम बनाने की तालीम पाते रहे थे। हम सभी का इरादा एक था, मकसद एक था और हौसले बुलन्दी पर थे।

पाँच अलग मुल्कों के माहिरों से हम सुबह-शाम यहाँ तक की अँधेरी रातों में भी खास फौजी ट्रेनिंग पाते रहे थे। हथियारों का सही इस्तेमाल, हमले करने के ताजा तरीके और हमलावरों के वारों को नाकाम करने की सारी टेकनीकें हमें सिखाई जाती थीं। हमारी ट्रेनिंग के पूरे होने से दो दिन पहले जो डेढ़ सौ नए जवान दाखिला पाकर आए थे उस जश्न में वे भी शामिल थे। रात की इस खास सामूहिक कसम के मौके से पहले दिन में व्यक्तिगत रूप से हम ट्रेनिंग कैम्प से रुखसत लेनेवालों के साथ आधे-आधे घंटे की अलग-अलग ब्रिफिंग हुई। जिस उस्ताद के सामने मैं हाजिर हुआ था वह इस सेशन से पहले मुझे इतना अधिक गम्भीर कभी नहीं दिखा था। कमरे में हम दोनों के अलावा और कोई नहीं था।

एक अँधेरे कमरे में जिसमें कहीं से भी सूरज की किरण कोई दाखिल नहीं हो पा रही थी हम दोनों एक मेज के सामने बगल से आ रहे एक स्पॉट-लाइट में सिर्फ एक-दूसरे की आँखों को देख पा रहे थे। आँखों में तेज रोशनी लिये उस व्यक्ति के सामने मेरी

फाइल थी जिस पर मेरे अधूरे नाम की जगह मेरा नम्बर था। फाइल को खोले बिना वह उसके भीतर की बातों को एक-एक करके मेरे सामने रखता गया। मुझे लगा कि कोई डॉक्टर अपने रोगी को परामर्श दे रहा था। उसने शुरू भी उसी लहजे में किया।

—आज से तुम जिन्दगी और मौत के बीच हो। हमारे लाखों भाई-बहनों की तरह तुम्हारा भी पूरा खानदान गैर मजहबियों द्वारा मारा गया। तुम्हारे बाप से पहले तुम्हारे चाचा की दुकान जलाई इन्होंने। तुम्हारे मामू की आँखों के सामने तुम्हारी मामी की इज्जत लूटी गई। उनके तीन लड़कों की छातियाँ काफिरों की गोलियों से छलनी कर दी गईं। तुम्हारे सबसे छोटे चाचा का घर लूटकर उसमें आग लगा दी गई। तुम्हारी माँ को इन जुल्म ढानेवालों ने दर-दर की भिखारन बनाया। कई मुल्कों में तुम्हारे मजहबी भाइयों की मस्जिदें तोड़ी गईं। स्कूलों और अस्पतालों तक को नहीं बख्शा गया। कई मुल्कों से हमारे भाइयों को बाहर निकाल दिया गया और कई देशों में उनका जीना हराम कर दिया गया है। चेचेईन, बोसनी हो या अलजेरिया, हिन्दुस्तानी या कश्मीरी आवाम हो या पलेस्टिनियन सभी को उन्हीं की जमीन पर उन्हें मौत के घाट उतारा जा रहा है, उनकी जमीनें जब्त की जा रही हैं। कपटी यूरोप और अमरीका तमाशा देख रहे हैं। जो हमें नेस्तनाबूद करना चाह रहे हैं तुम उसकी रात की नींद और दिन का चैन हराम करोगे। जो हमें कुछ मुल्कों में अपने आप में लड़ा रहे हैं तुम ऐसी ताकतों से कभी नहीं डरोगे। तुम अख्तर ! यहाँ से निकलकर सुख और चैन की नींद सोने नहीं जा रहे बल्कि अपनी ताकत का अहसास पूरी दुनिया को देने जा रहे हो।

—कब तक चुप रहेंगे हम ?

—अख्तर कब तक ?

अपने भीतर से मरने का डर निकाल फेंको।

वक्त कुर्बानी का तकाजा कर रहा है। मालिक के सच्चे बन्दों पर जुल्म ढानेवाले काफिरों को ईंट का जवाब पत्थर से देना है।

फख्र के साथ मौत कबूल करने से तनिक भी न झिझको।

बोलो, वायदा करते हो ? अपने भाइयों के लिए शहादत मंजूर है ? कसम खाओ। अख्तर, कसम खाओ ये सारे जुओं के घर, ये सारे शराबखाने बन्द करके रहना है। कसम खाओ।

उस लम्बी खामोशी के बाद मैंने अपनी आवाज सुनी।

—मैं कसम खाता हूँ।

मेरी आवाज के साथ गूँज उठी थीं—अलग-अलग कमरों से कई आवाजें।

फिर उसी रात।

जश्न के दौरान।

सभी आवाजें एक होकर गूँज उठी थीं।

हम कसम खाते हैं।

धीरे-धीरे सामने अँधेरा छाने लगा पर अकस्मात् घटाटोप को चीरती हुई रोशनी फिर फैल गई और मैंने अपने को पाकिस्तान के अपने गाँव में पाया। गाँव की मस्जिद के आँगन में इमाम चाचा के सामने। अफगानिस्तान से लौटने के चार दिन बाद की झलक थी वह। मैं अनचाहे भी सुनता रहा था और इमाम चाचा बोले जा रहे थे।

—अख्तर बेटे ! यह जमीन, खुदा का यह अजूबा तोहफा हमें इसलिए मिली है कि हम इसे सँवारते रहें। इसे एक ऐसी जन्नत बनाएँ जहाँ हर इंसान एक-दूसरे के साथ मोहब्बत बाँट कर जीए। कुछ लोग दिन-भर इस गुलशन को प्यार से सँवारते रहते हैं; पर हर रात कुछ ऐसे लोग भी हैं जो इसे जहन्नुम बना जाने में लगे रहते हैं। ये वे लोग हैं जिन्हें मजहब की बातें आज भी समझ में नहीं आईं। मजहब चाहे हमारा हो चाहें किसी का हो वह नफरत नहीं सिखाता, वह खूनखराबे नहीं सिखाता, आदमी और आदमी के बीच दुश्मनी नहीं चाहता। फिर भी मजहब के नाम पर हमारा मजहब और उनके धर्म के कुछ खुदगर्ज लोग मजहब के नाम का कत्लेआम किए जा रहे हैं। चन्द ऐसे दरिन्दों के कारण आज पूरी दुनिया टुकड़ों-टुकड़ों में बँटती चली जा रही है।

तुम सोचते हो कि आज धर्म और मजहब के नाम पर जो कुछ अनर्थ हो रहा है उससे ऊपरवाला खुश है ? अगर खुश होता तो आज दुनिया-भर में ये जलजले, ये आँधी, ये बाढ़, ये रंगबिरंगी बीमारियाँ, ये भारी सूखे ये महामारी ये सब क्यों होते। क्या खुदा ने अपनी इस कुदरती फुलवारी में हमें इसलिए भेजा है कि हम इसे उजाड़ते चले जाएँ। क्या खुदा के बन्दे होने की गरिमा इसी में है कि हम हर जगह आग लगाते फिरें ?

क्या अपने ही भाइयों को तबाह करके हम भगवान की सन्तान होने की अपनी गरिमा को बचा सकते हैं। अख्तर बेटे ! तुम्हारी माँ आज जिन्दा होती तो क्या वह तुम्हें सिर पर कफ़न बाँधे इन खतरों से खेलने देती ? बाजार के हजार लोगों के बीच बम फेंककर कोई हजार दुश्मनों की तबाही करता है या सैकड़ों बेगुनाहों की ? अगर यह बदला लेना हुआ तो कैसा बदला है यह कि जिन मासूमों ने, बेगुनाहों ने हमारा कुछ भी नहीं किया और मुमकिन है कि जिनमें अपनी बिरादरी के भी लोग रहे हों उन्हें भी मौत के घाट उतारकर ?

मैं इन बातों से ऊब गया। इमाम चाचा को बोलते छोड़ मैं अपने मुकाम की ओर बढ़ गया।

18

रात ही में यह निर्णय हो गया था कि इस बार खुद पापा अपनी कार में माँ को उसकी विशेष डॉक्टर के पास ले जाएगा। दादी के कमरे में घंटी और आरती सुनाई पड़ रही थी जब हम लोग घर से बाहर हुए। मेरे बाप की कार के भीतर की घरघराहट चाचा

की कार से कहीं अधिक थी। इस कार में झटके भी अधिक थे। हम लोगों के गाड़ी में बैठते ही मेरी मौसी भी लगनेवाली अंजू चाची मेरे बाप को सावधान करती हुई बोली थी कि वह कार को धीमा चलाए। उसी के कहने पर माँ सेफ्टी-बेल्ट की परेशानी के बावजूद आगे बैठ गई थी। दो ही बार मुझे पापा की कार की सवारी के अवसर मिले थे और दोनों बार माँ पीछे बैठी थी। दूसरी बार पिछली सीट के झटकों से परेशान होकर माँ ने पापा को कार रोकने को कहा था और वह आगे की सीट पर आ बैठी थी। मुझे राहत मिली थी।

दो दिन पहले फाइल के न दिख पाने पर मेरा बाप माँ के साथ जिस कठोरता के साथ पेश आया था शायद उसी की शर्मिन्दगी का अहसास करके उसने रात में माँ से कहा था।

—प्रिया ! तुम्हारे चैकअप के बाद मैं तुम्हें करी-पुल्ले रेस्तराँ में खाना खिलाने ले जाऊँगा।

माँ ने आनाकानी की थी पर मेरे बाप ने अन्त में उसे मना ही लिया था। उसे आश्वासन देते हुए कहा था कि उस रेस्तराँ के शाकाहारी खाने अच्छे होते हैं। यह वेज और नॉन-वेज की बात मैं पहले भी सुन चुका था। माँ हमेशा से शाकाहारी थी मेरा बाप हमेशा से मांसाहारी—बस इससे आगे की बात मैं नहीं जानता था।

आगे की सीट पर भी हल्के-फुल्के झटके लग ही जाते थे। मुझे इस बात का पता चल ही जाता था कि मेरी माँ अपने शरीर को कुछ आगे-पीछे करके मुझे उन झटकों से बचाने की चेष्टा करती। डॉक्टर के यहाँ कोई नई बात नहीं हुई। वे ही सवाल वे ही जवाब और डॉक्टर के वे ही सुझाव। बीच-बीच में मेरी फूफू डॉक्टर वैभवी की भी चर्चा होती रही। मेरा बाप वेटिंग-रूम में ही रह गया था, इसलिए मेरी माँ और डॉक्टर के बीच बातें कुछ लम्बी होकर रहीं।

कुछ देर बाद माँ से यह सुनने के बाद कि बहुत ही शानदार है यह रेस्तराँ मैं समझ सका कि हम लोग रेस्तराँ के भीतर पहुँच चुके थे। मैंने अपनी माँ अपने लिए नारंगी का रस माँगते सुना और मेरे बाप ने अपने लिए जिन मँगवाया। यह बात तो मैं उसी दिन जान गया था कि मेरा बाप दिन में व्हिस्की नहीं पीता। जिस रविवार को सुजाता ने बिरयानी पकाई थी और मेरे बाप ने खाने से पहले मेरे चाचा को जिन और टोनिक वॉटर ले आने को कहा था।

मेरी माँ ने फ्रूट जूस का पहला घूँट गले के नीचे उतारा था कि हमारे एकदम करीब से किसी को मैंने कहते सुना, सवाल के रूप में।

—मेस्ये उदय रामगति ?

मेरा बाप इस अप्रतीक्षित प्रश्न पर कुछ बोल पाता कि उससे पहले माँ सहमे स्वर में बोल गई।

—तुम ?

इसके बावजूद हमारे एकदम पास खड़े प्रतीत हो रहे उस आदमी ने कहा।

—रामगतिजी अगर आपको एतराज न हो तो मैं यहाँ आपके साथ बैठ सकता हूँ ?

मेरी माँ चीख उठी।

—नहीं !

मेरा बाप बोला।

—प्रिया ! हमारी अगल-बगल में लोग बैठे हुए हैं। प्लीज...

—चलो, हम यहाँ से निकल चलते हैं।

—नहीं प्रिया, हम खाने का ऑर्डर दे चुके हैं। इन्हें बैठने दो...बैठिए ! मैं जान गया कि यह कौन है। सोमवार को इसने मुझे दफ्तर में फोन किया था। क्यों आप वही हैं न ? मेरे मना करने के बाद भी आपने हमारा पीछा नहीं छोड़ा।

—मैं तो आपसे आपके घर पर मिलना चाहता था...

—मैंने असम्भव कहा था।

—और मैंने बात मान ली थी।

—तो फिर हमारा पीछा करके यहाँ क्यों टपक पड़े ?

—क्योंकि आप दोनों के आमने-सामने बातें करना बहुत ही जरूरी है।

—यहाँ रेस्तराँ है और मैं यहाँ अपनी पत्नी के साथ खाने पहुँचा हूँ...

—पत्नी तो यह आपसे पहले मेरी थी।

मैंने अपनी माँ को उठते महसूस किया।

—मैं यहाँ एक सेकेंड भी नहीं ठहर सकती...

—प्लीज प्रिया ! तुम बैठो तो सही...

—मैं नहीं बैठ सकती।

—देखो, दूसरी मेजों से लोग हमारी ओर देखने लगे हैं। इसकी बात सुन लेने में क्या हर्ज है ?

—आप सुनिए...मैं बाहर कार में आपका इन्तजार करूँगी।

अब तक तो मैं समझ ही गया था कि यह आदमी कौन था जिसने मेरी माँ को इस कदर विचलित कर दिया था। उसे बोलते सुना।

—आपके खाने के पहुँचने से पहले मैं यहाँ से चला जाऊँगा। रामगतिजी मुझे आपसे केवल पाँच मिनट चाहिए। तुम भी बैठ जाओ प्रिया...

—आप इस व्यक्ति से कह दीजिए मेरा नाम प्रिया नहीं श्रीमती रामगति है।

—इससे पहले तुम श्रीमती सुहावन थी।

—देखिए, मेस्ये सुहावन आप पहले मुझे यह बता दें कि आपको मुझसे बातें करनी है या कि मेरी पत्नी से।

—दोनों से...

—मुझे इस व्यक्ति से कुछ भी सुनना नहीं है।

—आपने सुन लिया। पर इत्मीनान रखो मैं आपकी बात सुनने को तैयार हूँ। पर इस वक्त आप हमें अकेले छोड़ दें। मेरी पत्नी की स्थिति आप देख ही रहे हैं। ऐसी

हालत में तनाव उसके लिए खतरनाक हो सकता है। आप मुझसे अतीत की बात करना चाह रहे हैं जबकि मैं आपसे अभी की बात कर रहा हूँ। आप अपने अतीत की बात मुझसे आज के अलावा कभी भी कर सकते हैं। आपके पास मेरे दफ्तर का नम्बर है। आप मुझे फोन करके कोई समय निर्धारित कर लें। यह अब प्रिया यानी कि मेरी पत्नी श्रीमती रामगति की समस्या न होकर हम दो मर्दों की समस्या है। और चूँकि यह मर्दों की समस्या है इसलिए हम ही दो इसको निबटाएँ तो बेहतर होगा।

—आप एक बात भूल रहे हैं मेस्ये रामगति !

—कौन सी बात !

—यही कि आपकी आज की यह पत्नी पहले मेरी पत्नी है। मैंने इसके साथ सात फेरे लिए हैं। समाज और परिवार के सामने अग्नि को साक्षी मानकर...

माँ ने उसकी बात को पूरा नहीं होने दिया।

—बस करो पाखंडी ! तुम क्या समझोगे सात फेरे और अग्नि की साक्षी को ? और फिर ये सारी बातें मेरे लिए कोई मायने नहीं रखतीं। मायने तब रखतीं जब तुम उन रस्मों के महत्त्व को जान पाते। तुमने केवल मेरे वर्तमान और भविष्य को नहीं चुराया बल्कि फ्रांस की एक महिला और दो बच्चों की तबाही के भी कारण हो। तुम यहाँ से जाओ नहीं तो मैं...

—क्या बात है मैडम ?

एक महिला की आवाज थी वह जिसने आगे अपने को रेस्तराँ का मैनेजर बताया। मेरे बाप ने उससे कहा।

—आईम सॉरी मैडम। आप बस इस इन्त्रूडर* को यहाँ से हटा दें।

जाते-जाते वह आदमी चिल्लाता गया।

—यह मत भूलो प्रिया कि तुम मेरे बच्चे की माँ हो और मैं अपने बच्चे और तुम्हारा दोनों का दावा अदालत में करने जा रहा हूँ।

वैभवी फूफू केवल घंटे-भर के लिए हमारे यहाँ आई थी। खाने का समय था इसलिए जब घर के लोग खाने बैठ गए तो मेरी और शिवानी की बातें होती रहीं। पर इस बार वह मेरी बातों से कहीं अधिक अपने बारे में बताए जा रही थी। अपने खिलौनों के बारे में फिर मेरे खिलौनों के बारे में जिन्हें मैं अब तक देख नहीं पाया था। मैंने जब उससे पूछा कि बच्चों को खिलौनों से इतना लगाव क्यों है तो वह बोली कि खिलौने बच्चों के सबसे अच्छे दोस्त होते हैं। वे बच्चों के साथ हँसते हैं, गाते हैं, नाचते हैं, जो घरवाले नहीं कर पाते। मैंने पूछा।

--खिलौने तुमसे बातें भी करते हैं ?

--हाँ।

--तो फिर मेरे खिलौने मुझसे बातें क्यों नहीं करते ?

—क्योंकि तुम अभी उनके हुए ही नहीं हो।

—पर वे तो मेरे लिए लाए गए हैं।

—पर इस समय तुम्हारा ही खिलौना मेरे हाथों में है। अपनी माँ के मना करने पर भी तुम्हारी माँ ने मुझे उससे खेलने की इजाजत दे दी।

—मेरे खिलौने से तुम्हें खेलने की इजाजत माँ कैसे दे पाई।

—क्योंकि यह खिलौना लड़कियों के लिए है तुम तो लड़के हो।

—तुम्हें कैसे मालूम ?

—मैं तुम्हारी आवाज सुन रही हूँ, तुम्हें देख रही हूँ।

—खिलौने भी मुझे देख पा रहे हैं ?

—तुम्हारे जन्म जाने के बाद तुम्हें देख पाएँगे। तुम्हें बता ही चुकी हूँ कि यहाँ अजीब-अजीब बातें होती रहती हैं। हम छोटे बच्चों को खिलौने दिए जाते हैं मन बहलाने के लिए। और ये बड़े लोग हमें खिलौने समझ हमसे खेलकर अपना मन बहलाते हैं।

—मेरा कौन सा खिलौना तुम्हारे हाथ में है ?

—सुनहले बालवाली गुड़िया। पर तुम इससे खेलोगे तो लोग तुम्हारी हँसी उड़ाएँगे।

—क्यों ?

—क्योंकि लड़के गुड़ियों से नहीं खेलते।

—तो फिर मेरे लिए गुड़िया क्यों खरीदी गई ?

—किसी को पता नहीं कि तुम लड़के हो। देखो तुम अपनी इस गुड़िया का ब्याह मेरे गुड़िए से करना। मेरा गुड़िया कि राजकुमार है।

—यह क्या होता है ?

—तुम्हें परियाँ नहीं दिखाई पड़ती ?

—यह परियाँ क्या होती हैं ?

—जब तुम रोओगे तो ये परियाँ तुम्हें मनाने आएँगी और...

शिवानी अपनी बात पूरी कर पाती कि माँ बोल उठी।

—शिवानी ! तुम इतनी सारी बातें किए जा रही हो और हम हैं कि तुम्हारी एक बात भी नहीं समझ पा रहे। किससे बातें कर रही हो मुन्नी ? गुड़िया से ?

चाहकर भी मैं माँ से यह पूछ नहीं पाया कि उसने मेरा खिलौना शिवानी को क्यों दिया। मैंने सोचा था कि शिवानी से रेस्तराँ में मेरे माँ-बाप और उस अजनबी के बीच हुई बातों की चर्चा करूँ। उससे जानने का प्रयत्न करूँ कि वैसा क्यों हो रहा था लेकिन मेरे पूछ पाने से पहले डॉक्टर वैभवी बोल गई।

—अब घर चलते हैं शिवानी। मुन्ने का यह खिलौना मामी को लौटा दो।

—नहीं।

—ऐसा नहीं करते। तुम्हारी तो घर पर कई गुड़िएँ हैं।

माँ बोली।

—ले जाने दो वैभवी। तुम्हीं तो बता चुकी हो कि मेरी लड़की नहीं लड़का हो रहा है।

—शिवानी ! मेरी गुड़िया छोड़ जाओ। शिवानी ! शिवानी !

19

आकृति के साथ की रंगबिरंगी रश्मियों को कलकल ध्वनि के साथ बहते शिकारे के ऊपर से गुजरते हुए मैं देखता रहा। विश्वप्रणेता की स्वरलहरी अपनी प्रतिध्वनि छोड़ हरे-भरे पर्वतों के बीच जाकर उन्हीं में समा गई थी। मन्थर गति से बहती धाराओं के बीच जहाँ-तहाँ सेवार के पौधों में छिपती, फिर प्रकट होती बत्तखों की कतारों के पीछे-पीछे मैं भी चल पड़ा। ऊपर रश्मियाँ मुझे दिशा दिखा रही थीं। पर्वतमाला का एक हिस्सा अब भी सूरज की रोशनी अपने में लिये हुए था। कुछ ही दूरी पर घने चिनार के जिस पेड़ के नीचे मुझे उषा की आकृति दिखाई पड़ी वहाँ पहुँचते ही मेघों के झुंड के साथ आगे बढ़ती रंगबिरंगी रश्मियाँ ठिठक गईं। देखते-ही-देखते वे मेघों के बीच ओझल हो गईं।

एक ओर चिनार का पेड़ था दूसरी ओर कुछ दूरी पर देवदार के दो पेड़ थे। बीच में खड़ी थी उषा कनी दुशाला ओढ़े। उसके एकदम पास पहुँचकर मैंने उसके उस सुन्दर दुशाले को उसके सिर पर से सरकाकर उसके कन्धों पर पहुँचा दिया। मैं देर से पहुँचा था। उषा की भोरवाली चमक लिये रहनेवाली आँखें शाम की उदासीनता लिये हुई थीं।

वह खामोशी साधे खड़ी रही।

उसकी वह खामोशी मुझे अच्छी नहीं लगी। मैंने अपना मुँह उसके दाएँ कान के पास ले जाकर धीरे से कहा।

—अच्छा ही हुआ कुछ देर से पहुँचा।

उसकी आँखें तन गईं गोया पूछ बैठी हो।

—क्या कहा ?

—देर न होती तो तुम्हारी नीली आँखों और गुलाबी चेहरे का यह भाव देखने को नहीं मिलता। हमारे यहाँ लाहौर...मेरा मतलब लखनऊ के एक शायर ने कहा है कि महबूबा की नीली आँखों में गुलाबी चमक नहीं देखा तो क्या देखा।

यह कहकर मैंने उषा को अपने आगोश में ले लिया। एकाएक मुझसे छिटककर वह अलग हो गई। मैं पूछ उठा।

—क्या हुआ उषा ?

—तुम पूरे एक घंटे देर से पहुँचे हो।

—अचानक एक जरूरी काम...

—मैं बहाना नहीं जवाब माँग रही हूँ।

—जवाब ही तो दे रहा हूँ।

—मुझे सही जवाब चाहिए। मेरी पड़ोसन ने तुम्हें कल फसाद छिड़े एक शरणार्थी इलाके से निकलते देखा था। रात को उस इलाके में बमबारी हुई। पता चला है कि चार आतंकवादी उस इलाके में देखे गए थे। कोई तीस आदमी उस बमबारी से मारे गए।

—यह सब कुछ तुम मुझे क्यों सुना रही हो ?

—यह जानने के लिए कि तुम अपने तीन साथियों के साथ उस इलाके में क्या कर रहे थे ? क्या तुम शरणार्थी हो ?

—मैं तुम्हें बता चुका हूँ कि मैं लखनऊ के पायनियर अखबार का पत्रकार हूँ। तुम्हें अपना प्रेसकॉर्ड तक दिखा चुका हूँ।

—पत्रकार अब कैमरे की जगह हाथ में पिस्तौल लिये भीड़ में दौड़ते हैं क्या ?

—मैं और पिस्तौल ?

—मेरी पड़ोसन ने जो कि उस शरणार्थी इलाके में कुछ साथियों के साथ रजाइयाँ बाँटने गई थी तुम्हारे हाथ में पिस्तौल देखा था।

—उसने मुझे ही देखा था इसका क्या सबूत है ?

—मैं तो तुम्हें देख रही हूँ न ? या मेरे सामने तुम नहीं कोई और है ?

—तुम्हारे सामने एकदम मैं हूँ।

—तुम्हारे लैदर जैकेट की ऊपरी जेब में अभी भी एक पिस्तौल है।

हँसते हुए मैंने जैकेट उतारकर उषा को थमा दिया और उसकी जेब से बनारसी चूड़ियों की एक लम्बी डिबिया बाहर निकाली। मेरे दोनों मोजों के भीतर की पिस्तौल और खंजर ठाठ से अपनी जगह पर ही रहे।

याद आनी शुरू हुई—

लाल रंग के शिकारे की परछाईं पानी में अपने ऊपरी भाग से अधिक स्पष्ट और मनमोहक लग रही थी। पीछे के देवदार के निपाती पेड़ और उसके पीछे के दूधिया पहाड़ तक पानी में तरंगों के साथ झिलमिल करते दिखाई पड़ रहे थे। हम लकड़ी के पुराने, जगह-जगह मरम्मत का तकाजा करता, पुल पर उषा के साथ खड़ा था। दाईं ओर दो छोटे शिकारे बोट-हाउस की कतारों के सामने सैलानियों को चढ़ाने-उतारने में लगे हुए थे। हम उस शिकारे की राह तक रहे थे जो सबसे पहले इस किनारे को आ लगे ताकि हम उस पार जा सकें।

श्रीनगर को हम लोगों ने अपना डेरा इसलिए बनाया था कि उसकी भारी आबादी में हमारी गतिविधियों पर शक करना कठिन था। हम जहाँ थे वहाँ से 80 किलोमीटर दूर हमें झेलम के तट पर जाना था। वहाँ के एक इबादतगाह में एक मातमी-इजलास के दौरान हमें हिन्दुस्तानी जासूसों के पते मिलनेवाले थे। ये वे कश्मीरी गद्दार थे जिन्होंने हिन्दुस्तानी खुफिया विभाग को कारगिल की हमारी कई योजनाओं की सूचनाएँ पहुँचाई। यह मातमी-इजलास उन बारह कश्मीरियों की शहादत के लिए की जा रही थी जो इन्हीं

चार गद्दारों के कारण मारे गए और जो उस मौके पर वहाँ से चन्द ही कदमों की दूरी पर छिपे हुए थे।

उन चारों गद्दारों में से एक अपने गुनाह को कबूल करते हुए गुलाबी फिरन में उस इजलास में मौजूद रहेगा और उसे पहचान कर हममें से एक उसके पास जाकर यह कहेगा—कश्मीर कश्मीरवालों का है।

सुरमई शाम में हम अपने मकसद की मंजिल पर पहुँच कर रहे। तकरीरें, फिर शायरी, फिर तकरीरें, फिर कुरान की आयतें और इसी बीच हम अपने गुलाबी फिरन पहने कश्मीरी हिन्दू को अपने साथ ले पाए। उसके साथ चलते हुए पाँच मिनट बाद हम उन तीन मुसलमान गद्दारों की छातियों को छलनी बना पाए।

बदले की ठंडक दिल में लिये हम बोट-हाउस में अपनी कामयाबी का जश्न मना रहे थे और पता नहीं कितने पैग के बाद मैंने उषा के चेहरे को अपने सामने मँडराते हुए पाया।

—उषा ! तुम और यहाँ ? खुशखबरी सुनो—एक हिन्दू की मदद से हमने तीन मुसलमान गद्दारों का काम तमाम कर दिया।

—गलत कह गए।

यह उषा की आवाज थी। उसने आगे कहा।

—एक गद्दार की मदद से तुमने तीन देश-प्रेमियों की हत्या की।

—क्या बोल रही हो। वह एक हिन्दू था जिसकी मदद से...

—वह एक गद्दार था। गद्दार की न जात होती है, न धर्म, न वतन।

—उषा ! उषा !! उषा !!!

मुझे पागलों की तरह चिल्लाते सुन मेरे तीनों साथी मेरे पास आ गए। तीनों ने एक साथ पूछा।

—अख्तर ! क्या बात है अख्तर !!

—उषा आई थी यहाँ।

फेरोज़ ने मेरे गले को बाँहों में लेकर कहा।

—तुम्हें शराब की आदत नहीं है इसलिए तुम गाफिल हो गए दो ही पैग में।

मेरे साथियों और कुछ पाकिस्तानी हमदर्दों ने मुझे हुजूम से अलग ले जाकर अँधेरे में बिठाया।

उस अँधेरे में उषा भी स्पष्ट होकर मेरे सामने आई और बोली।

—तुम गद्दारों के बीच हो। गद्दार की न जात होती है, न धर्म, न वतन।

—एक हिन्दू की मदद मिली हमें।

—एक गद्दार की मदद मिली तुम्हें।

—उषा, मैं तुम्हें प्यार करता हूँ। तुम भी मुझे बेहद प्यार करती हो।

—प्यार कर जाने की भूल की थी।

—नहीं।

मेरी अपनी इस जोर की चिल्लाहट के साथ दृश्य कुहासे में डूब गया और उसकी जगह एक-दूसरे कोहरे के बीच से शिवानी की आवाज सुनाई पड़ी।

—कब से बात कर रही हूँ तुम जवाब ही नहीं दे रहे।

—शिवानी ! कब आई ?

—कब से बात किए जा रही हूँ तुमसे।

—पर मैं तो तुम्हें अभी-अभी सुन पाया। खैर...अब बात करें।

और हम दोनों बातें करते रहे।

20

दृश्य उभरते गए।

हमारी ही गोलियों से उजड़े एक मदरसे के मलबे के सामने खड़ा मैं सोचता रहा कि क्या यह सब कुछ करना जरूरी था ? क्या इस मिशन में शामिल होने की वजह सिर्फ रुपया था या मजहब का अन्धा जुनून ? कुछ देर पहले हम चारों जिहादियों की आँखों के सामने उस्तादों और शागिर्दों की ग्यारह लाशों को मलबे के नीचे से बाहर निकाला गया था। हम चारों दोस्त बेगुनाह तमाशबीन बने सभी कुछ देख रहे थे। जब वहाँ की भीड़ कम हुई और पता चला कि हिन्दुस्तानी फौज का एक टुकड़ा वहाँ पहुँचने ही वाला था तो हम अपने अड्डे को लौटने लगे थे। मेरे तीनों साथी अपनी कामयाबी पर खुश थे। करीम सीटी बजा रहा था और रहमान एक पुरानी गजल गुनगुना रहा था। फेरोज़ चुप था। दो मिनट पहले बोला था—हमारी चौथी कामयाबी।

मैंने उससे पूछा।

—यह कैसी जीत है कैसी कामयाबी ?

ग्रुप-लीडर बोल उठा।

—बहुत बड़ी जीत; बहुत बड़ी कामयाबी।

—अपने ही भाइयों को मारकर ?

—ये गद्दार थे।

—ये हमारे ही मजहब सीखने-सिखानेवाले थे।

—हिन्दुस्तान की तरफदारी करनेवाले थे अख्तर ! इस मदरसे से हिन्दुस्तान के लिए फर्मबरदारी के नारे लगाए जाते थे। यहाँ हमारे आठ सिपाहियों को हिन्दुस्तानी फौज के हवाले किया गया था।

करीम का सीटी बजाना रुक गया था।

रहमान अब भी गजल की पंक्तियाँ दोहराए जा रहा था।

उसे रोकते हुए मैंने कहा।

—बन्द करो यह गाना।

मैंने आगे के लिए उठे हुए कदम को पीछे कर लिया। कुछ कदम आगे जाकर मेरे तीनों साथी रुक गए। फेरोज़ ने मेरी ओर देखकर पूछा।

—क्यों, अपने उस बूतपरस्त यार को मिलने को सोच बैठे क्या ?

—फेरोज़ !

—क्यों, आज भी यही कहोगे कि तुम्हारे इस ज़ाती मामले में मुझे बोलने का कोई हक नहीं ?

मुझे इमाम चाचा याद आ गया और मैं फेरोज़ से पूछ बैठा।

—मैं पूछना चाहता हूँ कि अपने वतन से दूर हम यहाँ किसकी लड़ाई लड़ रहे हैं ?

—अपने मजहब, अपनी तहजीब की।

—अपने ही मजहब, अपने ही तहजीब वालों के साथ ?

—गद्दारी करनेवालों के साथ।

—किसके पक्ष में ?

—उन सभी के पक्ष में जो कश्मीर को पाकिस्तान का हिस्सा मानते हैं। यहाँ वे ही जीएँगे जो इस सरजमीं को हमारी सरजमीं मानते हैं। जो नहीं मानते उनके साथ हमारी यह जंग चलती रहेगी।

—जंग ?

—हाँ जंग।

—निहत्थों के साथ ? जंग तो हथियारों से लैस दुश्मनी फौज से लड़ी जाती है।

—वे तो और भी खतरनाक दुश्मन होते हैं जो हमारे दुश्मनों को पनाह देते हैं, उनकी खातिरदारी करते हैं। तुमने देखा नहीं लाशों के साथ दो हिन्दुस्तानी सिपाहियों की लाशें भी बाहर निकाली गईं ?

—ग्यारह लाशों में बाकी नौ तो अपनी बिरादरी के थे। मुसलमान होकर हमने मुसलमानों की जानें लीं जिसमें सात मासूम थे। यह कैसी...

अपना सवाल पूरा कर पाता कि इससे पहले करीम ने अपने स्वेटर के भीतर से पिस्तौल निकालकर मेरी छाती पर टिका दिया।

होश आने पर।

इस बार रोशनी के तारों और झिलमिलाती किरणों के बीच से मैंने अपने को पहाड़ी के विभिन्न दरख्तों के बीच की पगडंडी पर पाया। मेरी बगल में खड़ी उषा अपनी आँखों में बेशुमार सवाल लिये मुझे ताक रही थी। कुछ दूरी पर के गोलाकार हरे-भरे मैदान में केतन उस रबर-गेंद से अकेले खेल रहा था जो कुछ मिनट पहले मैंने उसे भेंट में दिया था। पहली बार उषा आँखों के तमाम सवालों के साथ उनमें खफा भी लिये हुए थी। उसके बाल बिखरे हुए थे और होंठों से मुस्कान नदारद थी। मिलते ही उसने एक भिन्न स्वर में कहा था।

जितेन्द्र ! मुझे तुमसे कुछ बातें पूछनी हैं।

हम कई कदम चलकर इस स्थान पर पहुँचे थे। हमारे यहाँ पहुँचे कई मिनट बीत गए थे और अभी तक उषा मुझसे कुछ पूछ नहीं पाई थी। मैं दो बार उससे कह चुका था कि वह पूछे तो सही क्या पूछना है। हम जहाँ खड़े थे वहाँ लकड़ी का एक पुल था और उससे सटकर एक चबूतरा था। मैंने चाहा कि उषा उस पर बैठे पर वह खड़ी-की-खड़ी रही। मैं जब उठने को हुआ तो वह झट कह उठी।

—मैं जल्दी में हूँ।

मैंने न बैठने की उस अनकही हिदायत को भी जैसे कि सुन लिया। खड़ा का खड़ा रह गया और तब उसने सवाल किया।

—परसों वे तीन व्यक्ति जो तुम्हारे साथ हमारे घर के सामने खड़े थे कौन थे वे ?

—मेरे दोस्त ?

—कश्मीर के या लखनऊ के ?

—लखनऊ के ?

—तो तुम चारों लखनऊ के हो ?

—इस तरह के सवालों का क्या मतलब हुआ ?

—कि तुम झूठे हो। कल तुमने मेरी बड़ी मौसी के एक भी प्रश्न का सही उत्तर नहीं दिया। झूठे हो तुम।

—क्या ?

—यही कि तुम झूठे हो। तुम लखनऊ के नहीं हो। लखनवी लिबास से कोई लखनवी नहीं बन जाता।

—क्या बोले जा रही हो ?

—बड़े इमामबाड़ा में कितने खम्भे हैं ?

—मैं क्या जानूँ ?

—लखनऊ में रहकर नहीं जानते ? मेरी मौसी ने भी यही कहा था न ?

—आज तुम्हें हो क्या गया है उषा ?

—लखनऊ की गिलौरी और चिकन बहुत प्रसिद्ध है। है न ?

—हाँ।

—तो फिर यह जरूर जानते होगे कि गिलौरी क्या है ?

—गिलौरी ?

—हाँ गिलौरी।

—पान की...

—नहीं, मलाई की गिलौरी। खैर चिकन क्या है ?

—तन्दूरी...

—सच-सच बताओ तुम कौन हो ?

—कितनी बार बताना होगा।

—मैं बताती हूँ तुम कौन हो। तुम्हारा नाम जितेन्द्र नहीं है।

—क्या बकवास करने लगी। मैं तुमसे प्यार करता हूँ उषा।

—मैं भी तुमसे प्यार कर बैठी थी।

—कर बैठी थी ? यानी कि...

—अब तुमसे नफरत करती हूँ।

—क्या बोले जा रही हो ?

—एक सुझाव देती हूँ तुम्हें। तुम्हारी सच्चाई का पता यहाँ के लोगों को चल जाए इससे पहले तुम यहाँ से दफा हो जाओ।

—सुनो उषा...

—कृपया मुझे छूने की कोशिश मत करो।

उसने आवाज करके अपने भाई को पुकारा और फिर मुझसे बोली।

—हम कभी नहीं मिले थे और आइन्दा तुम मुझसे मिलने की कोशिश मत करना वरना...

—उषा, मैं तुम्हें प्यार करता हूँ। तुम्हारे प्यार में पागल हो गया हूँ।

अपने भाई के हाथ से रबर का गेंद लेकर मेरे ऊपर फेंक दिया और अपने भाई का हाथ थामे दरख्तों के बीच रास्ते में दौड़ गई।

मैं खड़ा का खड़ा रह गया।

21

अँधेरे के बीच से रोशनी फैली फिर धीरे-धीरे दृश्य साफ होते गए।

हम चारों जहाँ ठहरे हुए थे वह घर गुलमर्ग में था और इस समय मैं आजाद रोड पर चल रहा था। इधर के चन्द दिनों में मैं वर्षा और ठंड का काफी हद तक आदी हो चला था। अपने साथियों से रुखसत लेते समय मुझे तीन बार यह याद दिलाया गया कि इसी आजाद मार्ग से आगे दूसरे छोर पर हमें आज शाम धावा बोलना था। सूचना हमें हेड-क्वार्टर से आई थी कि शंकराचार्य पहाड़ी मन्दिर से कुछ ही दूरी पर भारतीय फौज की दो जीपों के साथ एक लॉरी हमारे चार कैदी जवानों के साथ करगिल से होते हुए सोनमर्ग की ओर बढ़ेगी। उषा का घर गुलमर्ग और शंकराचार्य पहाड़ी मन्दिर के बीचोबीच पड़ता था, आजाद रोड की शुरुआत में। साथियों के साथ यह तय हुआ था कि वे मुझे उषा के घर से पहलेवाले तीनकोनिए पर मिलें।

आने का वायदा करके उषा जब नहीं आई तो मुझे खुद यहाँ तक आना ही पड़ा। बात जहाँ तक पहुँच आई थी उससे उसके घर के और भी करीब जाने की मेरी हिम्मत नहीं हुई। वह भी ऐसी स्थिति में जब मेरे कन्धे से लटके कैनवस बैग के भीतर एक ए.के. चाईना मेड राइफल था। मैं रास्ते-भर इसी खयाल में था कि केतन जरूर मुझे

दिखाई पड़ जाएगा और उसी की मदद से मैं उषा से मिल सकूँगा उसके न चाहने के बावजूद।

मेरी जेब में वे झुमके अभी भी थे जिन्हें पिछली मुलाकात पर यह कहते हुए उषा ने लेने से इनकार कर दिया था कि वह उयाजिहोर थे और उस तरह के उयाजिहोर लड़कियाँ नहीं पहनतीं।

—लड़कियाँ क्यों नहीं पहनतीं ? ये तुम्हारे कानों में लम्बे लटके बहुत ही सुन्दर लगेंगे।

—ये उयाजिहोर सुन्दर लगेंगे मैं नहीं। ये शादी-शुदाओं के मंगलाभूषण हैं और मैं शादी-शुदा नहीं हूँ।

उषा की यह दलील मुझे एक बहाना प्रतीत हुई थी इसलिए मैंने तय कर लिया था कि आज उसे अपने हाथों पहनाकर उससे कहूँगा।

—लो, आज से तुम शादी-शुदा हो गई।

—उषा ! सच मानो उषा मैं तुम्हें दिल की गइराई से मोहब्बत करता हूँ।

—आतंकवादी के पास दिल नहीं होता।

फलवाले की दुकान से तीनकोनिए तक न जाने कितनी बार मैं आता-जाता रहा। घड़ी देखी तीन बजने को था। और एक घंटे में मेरे साथी यहाँ पहुँच आएँगे। चहलकदमी करता हुआ मैं सोचता रहा।

—...क्या किया जाए ? सारे खतरे मोल लेकर उषा के घर का दरवाजा खटखटाने का साहस कर ही जाऊँ ?

फेरोज़ ने मुझे चेतावनी दी थी।

—भावुक होकर ऐसा कुछ भी मत कर जाना जिससे हमारा आज का मिशन नाकामयाब रह जाए।

मेरी दुविधा बढ़ती गई। क्या करूँ ?

एक ओर वतन और मजहब के लिए कसम खाए हुए था। दूसरी ओर उषा को खोने का डर मुझे दबोचे जा रहा था।

कुछ दूरी पर जो चश्मा था उसके ऊपर से जो बगूले उड़कर मेरे सिर के ऊपर से निकलने लगे कि वे अपनी टाँय-टाँय से मेरे ऊपर ताने मार गए। मैं जो कश्मीरी फिरन पहने हुए था, उसके भीतर पिस्तौल भी छिपा हुआ था। सोच उठा अपने बैग के क्लिशिंकोव को यहीं कहीं छिपाकर सिर्फ पिस्तौल के साथ उषा के परिवार के सामने जा खड़ा होऊँ। शायद ऐसा कर भी जाता कि तभी एक फकीर तुम्बकनारी बजाता हुआ मेरे पास आकर धीरे से बोला।

—मेरे पीछे छूटे सफेद घर की एक लड़की की ओर से तुम्हारे लिए एक सन्देश है। कुछ ही देर में यहाँ से कुछ हिन्दुस्तानी सिपाही गुजरनेवाले हैं। जानप्यारी समझो और जितना जल्दी हो सके यहाँ से नौ दो ग्यारह हो जाओ।

वह आगे निकल गया। मैं खड़ा ही रहा फिर चहलकदमी करता रहा।

मेरे साथियों के आ जाने तक मैं इस चक्कर में पड़ा रहा। कर जाऊँ या न करूँ।

मेरे अपने भीतर की झिझक फिर जेहन में कुलबुला उठी। उधेड़बुन के कीटाणु मुझे कुरेदते रहे। इस प्रक्रिया में इमाम चाचा की तस्वीर सामने आ गई।

—मैं तुम्हारी कुछ बातों को नहीं भूल पाया हूँ अख्तर बेटे। एक बार आवेश में आकर तुमने मुझसे सवाल किया था कि ये अमरीका और यूरोप आखिर कोरिया, लाओस, वियतनाम, कोंगो, मिडल ईस्ट, लेटिन और सेंट्रल अमरीका, सोवियत संघ तथा गल्फ में क्या करने गए थे ? आज मैं तुमसे एक सवाल पूछ रहा हूँ। आखिर तुम और तुम्हारे साथी अपने वतन को बदतर से बेहतर न बदलकर औरों की लड़ाई लड़ने दूसरे देशों में क्यों जा रहे हैं ? विदेशों में अमरीका की लड़ाइयाँ तो अमरीकी जनता से कहीं अधिक अमरीका के प्रेजिडेंट की लड़ाई थी। तुम्हारी यह लड़ाई किसकी लड़ाई है ? तुम्हारी या सियासत की ?

इमाम चाचा का नाम इकबाल चौधरी था। उसकी बड़ी-बड़ी बातों से शुरू-शुरू में मुझे हैरानी होती थी लेकिन जब पता चला कि यह आदमी कभी बेनजीर भुट्टो का सलाहकार था और उससे पहले अलीगढ़ मुस्लिम यूनिवर्सिटी में लेक्चरर रह चुका था तब हैरानी जाती रही। तीन साल पहले इकबाल चौधरी ने इस्लामाबाद छोड़कर दूर-दराज की इस बस्ती में खुदा के घर पनाह ले ली थी क्योंकि नई सरकार के साथ उसकी नहीं पट पाई थी। उसका सवाल कभी भी आसान नहीं होता जवाब ढूँढ़ने में दिक्कत होती थी। उसके सवाल का जवाब न देकर मैं खुद अपने आपसे वही सवाल कर बैठता था।

—यह लड़ाई ? सचमुच यह लड़ाई किसकी है—मेरी या सियासत की ?

वह आगे बोला था।

—हर जगह दहशत ही दहशत। मैं पूछता हूँ कि क्या इसी तरह चारों ओर दहशत फैलाकर हम जमीन पर अमन कायम रख पाएँगे। हम दावा करते फिर रहे हैं कि विज्ञान के जरिए इंसान को इतनी कामयाबी हासिल हुई है कि उसने आसमान और जमीन को पास ला दिया है। जमीन और आसमान के बीच का सारा फासला खत्म हो गया है। बेशक ऐसा हुआ है और जब सचमुच ऐसा हुआ है तो फिर आदमी और आदमी के बीच इतनी बड़ी दरार क्यों पैदा होती चली जा रही है ?

कहाँ जा रही है आदमियत की सही पहचान ? क्यों हर ठौर पर आदमी अपना रिश्ता बिगाड़ता ही चला जा रहा है ? यही नहीं। खूबसूरत प्रकृति को भी जहरीला बनाने पर आमादा है। हवा में जहर, पानी में जहर, साँसों में जहर, बातों में जहर। घर में झगड़ा, भाई-भाई में झगड़ा, पड़ोसी-पड़ोसी में झगड़ा, देश-देश में झगड़ा, मजहब-मजहब में झगड़ा, जाति-जाति में झगड़ा। कुदरती भंडार से हम लेते रहे। आज उस भारी कर्ज को चुकाने के बदले, धरती को और भी सुन्दर और खुशहाल तथा माहौल को और भी साफ-सुथरा और ताजा रखने के बदले, हम कुदरती मंजरों को तबाह करते जा रहे हैं। नफरत और लालच से लड़ी हर लड़ाई से टूट-टूटकर आज भी हम बात-बात पर कत्लेआम और कायरों की तरह बेगुनाहों को विस्फोटों से उड़ाते रहे हैं। अख्तर, मेरे बेटे, तुम अपने को इस बन्दर-बाँट से अलग क्यों नहीं रखते ? कब तक और बेगुनाहों के

खून से अपने दामन को रँग कर जश्न मनाने और होली खेलने की बात को हम इंसानी फितरत और जिन्दगी की सार्थकता मानते रहेंगे ?

—इमाम चाचा ! जो मेरे साथ हुआ अगर वह तुम्हारे साथ हुआ होता तो भी तुम हाथ में बन्दूक लेने की जगह इस तरह तकरीर करते रहते ?

—मैं तो उन दोनों को अपना मानता हूँ जो बदले के जुनून में अन्धे हो जाते हैं और जो उन अन्धों के पाँवों के नीचे कुचले जाते हैं।

—मैंने आँखें खोल ली ताकि जहाँ मैं खड़ा था सिर्फ वहीं के दृश्य देख सकूँ।

दो तरफ के पेड़ों के बीच मैं लारी को सभी सावधानी के साथ उस तंग रास्ते पर आगे बढ़ाता रहा। ऐसा नहीं था कि मैं इस तरह की सँकरी गलियों में ड्राइव का आदी नहीं था पर न जाने क्यों मैं अपनी पूरी चेतन-अवस्था में ड्राइविंग व्हील पर नहीं था। मेरे तीनों साथी बारी-बारी से मुझसे सवाल करते रहे।

—क्या बात है अख्तर ?

—अख्तर तुम सही ढंग से ड्राइव नहीं कर रहे हो।

—रफ्तार कम करो अख्तर, तुम हद से अधिक तेज ड्राइव कर रहे हो। यह जीप नहीं लारी है और रास्ता एकदम तंग है।

मैंने अपने सभी साथियों को फाइव ऑन फाइव सुना रहा था पर वे मुझे सही ढंग से नहीं समझ पा रहे थे।

मैंने अपने आपसे कहा।

—ये क्या समझेंगे मुझे। ये क्या जानेंगे कि मेरी आँखों में उषा की तस्वीर इतनी घनी, इतनी गहरी है कि मेरे सामने की अन्य चीजें साफ-साफ दिख नहीं रहीं।

मैं ड्राइव करता ही रहा मगर।

मगर अपने जेहन से उषा की छवि को निकाल पाने में असफल रहा। और जब निकालने की चेष्टा ही नहीं की तो फिर असफल कैसे रहा ?

चारों तरफ अँधेरा था सिर्फ लारी के आगे फुल लाइट की रोशनी में रास्ता साफ नजर आ रहा था। बहुत देर बाद एक जीप विपरीत रास्ते आते हुए मेरे पीछे ओझल हो गई। फिर कोई पाँच मिनट बाद एक कार आगे से आकर पीछे अँधेरे में गुम हो गई।

और अँधेरे में ही मुझे उषा की आवाज सुनाई पड़ी।

—जितेन्द्र ! अब भी समय है। तुम जितेन्द्र हो या जुम्मन अपनी इन हैवानी हरकतों से बाज आ जाओ।

आगे से तीन टट्टू अपनी औकात से भारी बोझ के साथ आते हुए दिखाई पड़े और फिर पीछे छूट गए। इधर तीन रात हम चारों व्यक्ति सो नहीं पाए थे। पहली रात हम हिन्दुस्तानी फौज की एक टुकड़ी से लुका-छिपी और आँखमिचौली खेलते रह गए थे। दूसरी रात चार घंटे की मुठभेड़ में अपनी मशीनगन के खाली हो जाने के बाद ही

हम पीछे हटने को विवश हुए थे। तीसरी रात कारगिल की अपनी सेना की एक टुकड़ी को हथियार पहुँचाते रहे थे।

बर्फ की झीनी-झीनी बूँद कुछ अधिक घनी होती गई। सर्पीले रास्ते को पार करके हम एक सीधे रास्ते पर आ गए थे। कुहासे में लारी की लाइट बेकार साबित हो रही थी। लारी की रफ्तार मुझे एकदम कम करनी पड़ी। कुहासे के बीच से मुझे रास्ते के बीचोबीच उषा दिखाई पड़ी। वह निश्चल खड़ी थी। मैंने ब्रेक पर जोर दिया और लारी बर्फ की बारीक परत पर दाएँ-बाएँ फिसल उठी। मेरे तीनों दोस्त चिल्ला उठे।

—यह क्या कर रहे हो ?

—नींद आ रही है क्या ?

—लारी को बीच रास्ते पर लाओ।

पर तब लारी रास्ते के किनारे एक पत्थर से टकराकर रुक गई थी। मेरे साथी मुझे कोसते हुए लारी से नीचे उतरे और उसका मुआइना करने लगे। मैं भी लारी से नीचे कूदा पर अपने साथियों की तरह लारी की हालत की परवाह नहीं की। मैं पीछे की ओर झपट पड़ा जहाँ उषा को देखा था। उसे तलाशता रहा यह जानते हुए भी कि उषा वहाँ नहीं हो सकती थी। हम उससे सौ किलोमीटर से अधिक की दूरी पर थे।

मेरे साथी मेरे पास आकर पूछताछ करने लगे पर मैं उन्हें न सुनकर उषा की दर्द भरी आवाज सुनता रहा।

—जितेन्द्र ! अब भी समय है। तुम जितेन्द्र या जुम्मन अपनी इन हैवानी हरकतों से बाज आ जाओ।

22

मैं समझ गया था कि माँ के हाथ अपने पेट पर थे और वह पलंग पर लेटी हुई थी। यह तो अब मैं भलीभाँति जान गया था कि माँ कब खड़ी होकर बात करती है, कब बैठकर और कब सोकर। खड़े और बैठे होने पर उसके स्वर में बहुत अधिक अन्तर नहीं होता था लेकिन जब वह लेटी हुई बात करती थी तो उसका वह स्वर एकदम भिन्न हो जाता था। मैं उसे उसी भिन्न स्वर में बोलते सुनता रहा।

—जानते हो मुन्ने तुम्हारे जनमने का इन्तजार इस घर में इतनी बेचैनी से क्यों हो रहा है ? क्योंकि तुम्हारे दादा के जीवित होने के समय से यह प्रतीक्षा हो रही है। हमारी शादी के दो साल बाद अपनी मृत्यु के चन्द मिनट पहले तुम्हारे दादा ने जिस दयनीय ढंग से मुझे देखा था उस भाव में मैंने दो चीजें देखी थी...एक अपने पोते को न देख पाने का दर्द-भरा पछतावा और दूसरी बात जो मैं अनुभव कर सकी थी वह थी मुझसे उनकी उस इच्छा का न पूरा होने पर उनके द्वारा कोसा जाना।

माँ ने लम्बी साँस ली। खामोश रही फिर आगे बोली।

–पाँच साल से इस घर में बच्चे की राह देखी जा रही है। तुम्हारी दादी तो यह मानकर खुश है कि उसकी मनौतियाँ और पूजा पाठ का परिणाम था कि तुम जन्म रहे हो। इससे पहले तो वह यहाँ तक कहने लग गई थी कि वह अपने बेटे की शादी एक बाँझ से कर बैठी है। अपने मायके में तो मुझे दुःख झेलने ही पड़े थे यहाँ ससुराल में भी इस परिवार को बच्चा न दे पाने की सजा भुगतती रही। ऐसी घड़ी भी आ गई थी कि मेरी सास मुझे फूटी आँखों भी देखना नहीं चाहती थी। तुम्हारी उम्मीदों के बल आज मुझे सास और देवर के प्यार वापस मिले हैं। एक बार तो तुम्हारा चाचा भी यह बोल गया था कि मैं उसके भाई को सन्तान दे पाने के काबिल थी ही नहीं। मेरे मन में आया था कि मैं उसे अपने पहले बच्चे के बारे में बताकर यह तो कह जाऊँ कि मैं बच्चे के काबिल हूँ। पर कैसे बता पाती...आज के तुम्हारे आगमन से आश्वासित तुम्हारा चाचा मुझे अपनी बेहद प्यारी भाभी कहता है। तुम्हारी बदौलत अब इस घर में मन खुशी से झूम उठता है।

कुछ दूरी से दादी के रामायण पाठ की ध्वनि आनी शुरू हो गई पर मेरा अपना ध्यान माँ की बातों में ही लगा रहा।

–इस घर में केवल तुम्हारा बाप है जिसने पहली घड़ी से आज तक मेरे प्रति अपने स्नेह में कभी चुटकी-भर की भी कमी नहीं आने दी। तुम्हारे दादा भी मुझे अपनी बहू नहीं बेटी की तरह प्यार करते थे। उनके न रहने के बाद से इस घर में अंजू को छोड़कर सभी मुझसे पराए की तरह पेश आते रहे। अगर तुम्हारे बाप का अटूट प्यार नहीं मिला होता तो मैं इस घर को छोड़कर चली गई होती। मैं तो किस्मतवाली थी ही पर तुम तो मुझसे भी बड़ी किस्मतवाले होगे ऐसा बाप पाकर।

माँ बोलती गई मैं सुनता रहा। जब उसने मुझसे बातें करना बन्द करके अंजू चाची से बात शुरू की तो मैं सोचने लगा।

...हमारे इस घर में अशान्ति फैलाने पर आमादा यह व्यक्ति है कौन ? उसकी बताई उन बातों को मानने को जी नहीं करता। माँ कई बार सपने की बात करती रही है कहीं मैं भी तो कोई सपना नहीं देख बैठा था। माँ एक बार बोली थी कि मेरे बाप जैसे अच्छे आदमी का कोई भी बुरा नहीं सोच सकता पर यहाँ तो कोई उसका अहित करने को ठान बैठा था और वह भी मेरे सहयोग से। पर मैं उसकी बुरी नीयत के लिए उसे अपना सहयोग क्यों दूँ और फिर मैं सहयोग दे भी कैसे सकता हूँ। दे भी सकता तो क्या देने को तैयार हो सकता हूँ ?

कल शाम उस आदमी की आवाज फिर सुनाई पड़ी थी और वह यहाँ तक बोल गया था कि उसे मेरा सहयोग मिलकर रहेगा। जब मैंने पूछा था कि वह इस गलत काम के लिए मेरी सहायता की उम्मीद क्यों रखे हुए है तो वह जोर से हँस पड़ा था। वैसी हँसी उससे पहले मैंने कभी सुनी ही नहीं थी। अपनी हँसी को एकाएक रोककर उसने कहा था।

–मेरे सारे काम यहाँ के लोगों के चाहने से नहीं मेरे चाहने से होते हैं। मेरी चाह

लोगों से उनके अनचाहे काम करवा जाती है।

—मेरे बाप की तरक्की भी तुम्हीं ने रोकी है ?

—यही समझ लो। राजनेताओं को मरोड़ना तो मेरे बाएँ हाथ का खेल है।

मुझे लगा था कि मेरे मन की बात ताड़कर बोला था वह। मैंने पूछा था।

—तुम मुझसे क्या चाहते हो ?

—यही कि तुम मत जनमो।

—तुम ऐसा क्यों चाहते हो ?

—क्योंकि इस घर में अब मेरी पहलीवाली हुकूमत नहीं रही। मेरे न चाहने पर भी तुम्हारे माँ-बाप ने तुम्हारे जन्म को सम्भव बना दिया। इस घर में फिर से मेरी हुकूमत हो इसके लिए तुम्हारे जन्म को असम्भव बनाना होगा।

मैं माँ और चाची की बातें सुन रहा था। वे दोनों मेरे कपड़ों और खिलौनों पर बातें कर रही थीं। चाची मुझे माँ से भी अधिक चहकती हुई लग रही थी। एकाएक उन दोनों की बातें अनसुनी हो गईं और उन दोनों की आवाजों की जगह मुझे कुहासे के बीच से उस आकृति का वह सुरीला स्वर सुनाई पड़ा।

—एक बार फिर निकलना होगा यहाँ से अतीत की एक और झलक पाने के लिए ताकि तुम अपने जनमने के संकल्प को तिलमिलाते हुए न पाओ।

वाक्य के पूरा होते ही मैंने अपने को बर्फ के एक टीले पर खड़े पाया। सामने दूर तक घाटियाँ और वादियाँ बर्फ की झीनी चादर ओढ़े हुई थीं। सामने के दृश्य मुझे उस घटना-स्थल पर घसीट ले गया जहाँ हम चारों मुजाहिदीन कश्मीर के पाकिस्तानी दोस्त के घर अपने अगले कारनामे की योजना बना रहे थे। अगले टार्गेट का नक्शा हमारे सामने था। आजाद रोड के जिस इलाके को लाल गोलाई से घेरा गया था उसे देख मैं सहम गया। मिशन के जिम्मेवार फेरोज़ की ओर देखकर मैं पूछ बैठा।

—यह तो...

मैं अपनी बात पूरी कर पाता कि उससे पहले फेरोज़ बोल बैठा।

—हाँ, यह तुम्हारी महबूबावाले घर का ही इलाका है। कल रात का हमारा टार्गेट।

—पर यह तो हमारे मिशन के तहत नहीं आता।

—हमारे मिशन के तहत क्या आता है क्या नहीं आता—यह देखना तेरा नहीं मेरा काम है। मुझे हेडक्वार्टर से यह खबर मिली है कि इस ठौर पर कुछ लोग पाकिस्तान के खिलाफ काम कर रहे हैं। एक गद्दार यहाँ से एक अखबार निकालता है। हमें उसके प्रेस और घर दोनों को उड़ा देने का हुक्म मिला है।

—यह गलत सूचना है। उस अखबार के सम्पादक से मैं मिल चुका हूँ। उसका नाम फरुक है और वह अखबार नहीं बच्चों का एक रिसाला छापता है। उषा के परिवार के साथ उसका अपने परिवार जैसा रिश्ता है।

—तब तो यह निशाना एकदम सही है। तुम्हारी महबूबा का बाप भी इस एंटी-पाकिस्तान मूवमेंट में शामिल है।

—वे लोग मुझे हिन्दू मानते हैं वह भी लखनऊ का। मैंने उन लोगों को कभी भी पाकिस्तान के खिलाफ कुछ भी बोलते नहीं सुना।

—इससे क्या होता है ? हर अनजान परदेसी के सामने वे अपने असली रूप की नुमाइश थोड़े ही करेंगे। जब तुम उनसे अपनी असलियत छिपा सकते हो तो वे भी वैसा ही क्यों नहीं कर सकते ?

—लेकिन...?

—लेकिन क्या ?

—यह बम जो हम वहाँ इस्तेमाल करने जा रहे हैं उससे तो...

इस बार करीम बोला।

—उससे तो आधी बस्ती लपटों से धधक उठेगी।

—नहीं, हम ऐसा नहीं कर सकते।

फेरोज़ ने पूरी गम्भीरता के साथ आगे कहा।

—इतना भी जान लो अख्तर कि उस इलाके में एक धरमशाला भी है जिसमें हिन्दुस्तान के जासूस ठहरे हुए हैं।

—तब तो हमें इस इलाके में बम फेंकना ही नहीं चाहिए। उन जासूसों को तो हमें जिन्दा पकड़ना चाहिए।

—धमाके के बाद वे हमारी हिरासत में आकर रहेंगे। हमें उस प्रेस को उड़ाना है, उड़ाकर रहेंगे।

—लेकिन फेरोज़ बस्ती के बेगुनाह भी तो उस धमाके की लपेट में आ जाएँगे।

—हिन्दुस्तानियों ने कब हमारे बेगुनाहों को बख्शा है ?

मुझे जब लगा कि अपने साथियों को आजाद रोड इलाके के प्रेस और धरमशाला पर बम फेंकने से रोकना मुमकिन नहीं तो मैं उपाय सोचने लगा कि किस तरह उषा और फरुक के परिवार को उस धमाके से बचाया जा सके।

आधी रात को।

उसी भारी ठंड में अपने साथियों को गहरी नींद में पाकर मैं घर से बाहर आ गया। मैं अभी अहाते से बाहर भी नहीं हुआ था कि पीछे से फेरोज़ की चीख सुनाई पड़ी।

—रुक जाओ अख्तर !

मैं न तो रुका और न ही पीछे मुड़कर देखा। दौड़ता रहा। पीछे की आवाजों से पता चला कि मेरे तीनों साथी मेरे पीछे थे। जमीन पर बर्फ घनी नहीं हो पाई थी इसलिए दौड़ने में बहुत अधिक परेशानी का सामना नहीं करना पड़ा। मैं जानता था कि फेरोज़ और रहमान मुझसे तेज दौड़नेवाले थे पर इसके साथ मुझमें यह भरोसा भी था कि वे तीनों पीछा करनेवाले थे और मैं उनकी पकड़ से अपने को बचानेवाला था। मेरा प्रण अधिक बुलन्दी पर था। वे पीछे से चिल्लाते रहे और मैं खामोशी के साथ दौड़ता रहा।

आजाद रोड का वह इलाका तीन मील की दूरी पर था।

मैं भागता रहा।

वे पीछा करते रहे।

पीछे से आवाजें अब भी आती रहीं। यह जानकर हौसला बढ़ा कि मेरे और मेरे साथियों के बीच का फासला बढ़ आया था क्योंकि फेरोज़ की आवाज दूर से आती-सी लगने लगी थी। लेकिन जिस बात की मैंने कल्पना नहीं की थी वह होकर रही। रास्ता काटकर आगे निकलनेवाला रहमान हाथ में पिस्तौल थामे एकदम मेरे सामने आ खड़ा हुआ। मुझसे अधिक हाँफते हुए उसने हिदायत दी।

--एक भी कदम आगे बढ़ाया तो यहीं सुला दूँगा।

कोई तीन मिनट बाद अख्तर सामने आया और उसके आने के दो मिनट बाद करीम मेरे आगे आकर लुढ़क गया।

उन तीनों के साथ पनाह को लौटते हुए मैंने मौका पाकर भागने की कोशिश की पर न जाने तीनों से किसके पिस्तौल की मुट्ठ मेरी कनपटी पर लगी और मैं बेसुध हो गया।

न जाने कितनी देर बाद...

होश में आने पर मुझे पता चला कि आजाद रोड इलाके के प्रेस और धरमशाला दोनों पर बम फेंके जा चुके थे। हमारे मेजबान के साथ मेरे तीनों साथी अपनी कामयाबी का जश्न मना रहे थे। चार बजे सुबह जब नशे में चूर जमाईत-ए-तुलबा के मेरे दोस्त बेसुधी में सो रहे थे तो मैं वहाँ से भाग निकलने में सफल हुआ। बाहर बर्फ अधिक बढ़ आई थी। अपने आपसे यही एक जुमला रटता हुआ मैं दौड़ रहा था कि हे खुदा उषा मुझे जिन्दा मिले।

जब आजाद रोड पहुँचा तो हमारा टार्गेटवाला इलाका अब भी धू-धू करता हुआ जल रहा था।

आग की लपटों की रोशनी में भीड़ के बीच हिन्दुस्तानी फौज के जवानों की टोली को देखकर मैं दूर ही खड़ा रहा। कई बार मैंने चाहा कि मैं किसी भी बात की परवाह किए बिना उन लपटों के बीच पहुँच जाऊँ। ढूँढ़ निकालूँ उस धुआँधार माहौल के बीच से अपनी उषा को। पहली बार मजहब के नाम पर गुनाह का अहसास हुआ। दो लम्बे घंटों के बाद उजाले में अपनी जगह से मैं कुछ आगे बढ़ा। जहाँ सिपाहियों का घेराव था और एमब्यूलेंस की आवाजाही थी, उधर को न बढ़कर मैं उस छोटे बाजार की ओर बढ़ा जहाँ कई बार मैं उषा का इन्तजार कर चुका था। जो भी मिल जाता उससे बड़ी सावधानी के साथ सवाल कर लेता।

दह पाँचवाँ आदमी था जिससे पता चला कि प्रेस और धरमशाला के इलाके के दस से अधिक घर जल चुके थे। ग्यारह लाशें उन घरों से बाहर निकाली गई थीं। मेरा हाथ अपनी जेब की पिस्तौल पर जा पहुँचा। चाहा कि अपने सिर पर गोली दाग दूँ।

23

मुझे बड़ा आश्चर्य हुआ।

अब तक अपने बाप को मैंने इतने रूखेपन और ऊँची आवाज में बात करते नहीं सुना था। यह आश्चर्य मुझे उस समय और भी अधिक हुआ जब पता चला कि भूल खुद उसकी थी। बात सुबह में हुई थी जब पापा काम पर जाने के लिए घर से निकलनेवाला था। माँ ने बड़े ही प्यार-भरे स्वर में पापा से कहा था कि वह दफ्तर में देर तक न रहकर हमेशा से कुछ पहले घर लौट आए। तपाक से मेरा बाप बोल उठा था।

—दफ्तर का काम पूरा किए बिना वहाँ से कैसे निकल सकता हूँ। दफ्तर अपनी जागीर थोड़े ही है।

यह बात नहीं थी कि माँ ने मेरे बाप से पहली बार ऐसा अनुरोध किया था। पर यह पहली बार था कि मेरे बाप ने इस लहजे में उत्तर दिया था। मुझे लगा था कि माँ को भी मेरी ही तरह उस सवाल पर हैरानी हुई थी क्योंकि कुछ पल रुककर ही वह बोल पाई थी।

—मेरा मतलब था कि अगर दफ्तर के काम पहले पूरे हो जाएँ तो...

मेरी माँ अपना वाक्य पूरा भी नहीं कर पाई थी कि मेरा बाप फिर से चिल्ला उठा था।

—मेज पर मेरे बस्ते के साथ की नीली फाइल भी थी।

—अखबारों और पत्रिकाओं के नीचे पड़ गई होगी...

इस बार भी माँ को अपना वाक्य पूरा करने का अवसर नहीं मिला। बीच ही में पापा बोल गया था।

—मैंने फाइल को ऊपर रखा था।

मैं अखबारों और पत्रिकाओं के बेपरवाही के साथ पलटे जाने की खरखराहटों को सुना था और उसके बाद पापा की खीज-भरी आवाज।

—फाइल को मेज पर पत्रिकाएँ खा गईं क्या ?

—मैं ढूँढ़े देती हूँ।

दादी को पापा की खीज-भरी आवाज सुनाई पड़ गई थी इसीलिए मुझे उसकी भी आवाज सुनने को मिली थी।

—क्या हुआ उदय ? इस तरह घर को सर पर क्यों उठाए हुए हो।

—मुझे ऑफिस जाने में देर हो रही है माँ। मेरी बहुत जरूरी फाइल दिखाई नहीं पड़ रही।

—हो सकता है कि बस्ते में हो।

—बस्ते में नहीं है, मैंने उसे बस्ते के ऊपर रखा था।

दादी को माँ से कहते सुना था।

—तुम चलो अपनी जगह पर मैं ढूँढ़े देती हूँ।

अखबारों और पत्रिकाओं के और भी जोर से उलटने-पलटने के शोर से मेरा बाप चीख उठा था।

—ठीक दस बजे डाइरेक्टर के साथ की मीटिंग में उस फाइल के कागजातों को पेश करना है। लगता है दस यहीं बज जाएँगे।

मेरी चाची चूँकि मेरी माँ की चचेरी बहन भी थी और इस घर की छोटी बहू भी इसलिए वह मेरे बाप को प्रायः बहनोई पुकारती थी पर कभी भिन्न रौ में होने पर वह उसे भैया भी कह जाती थी। वह भी शोर सुनकर कमरे में गई थी तभी तो मैंने उसे भी यह कहते सुना था।

—क्या हुआ भैया ?

—मेरी एक जरूरी फाइल इस मेज पर से चोर ले गया।

—हो सकता है आपने कहीं और रख दिया होगा।

—मैंने उसे बाएँ नहीं दाएँ हाथ से रखा था और एकदम यहीं रखा था।

—नहीं भैया, तुम उसे यहाँ नहीं बल्कि अपनी कार की पिछली सीट पर छोड़ आए हो।

मैंने सोचा था कि मेरा बाप अपनी भूल को स्वीकार कर दफ्तर जाते हुए माँ को मना लेगा या शाम को दफ्तर से लौटने पर माफी माँग लेगा पर ऐसा कुछ नहीं हुआ। मेरी हैरानी बनी रही। अपने बाप के चले जाने के बाद माँ को चाची से कहते सुना।

—तुम्हारे जीजाजी नौकरी में प्रमोशन खो बैठने से दुखी होकर भी अपने में चिड़चिड़ापन नहीं आने दिया था। कहीं ऐसा तो नहीं कि...

अचानक मुझे रोशनी से डरनेवाले विनाशन की उस आवाज की याद आ गई थी। उसी की बातों पर गौर कर रहा था कि उसकी वह बेसुरी हँसी सुनाई पड़ी।

—मेरे बारे में सोचने की देर होती है कि मैं आ जाता हूँ।

—ये सब कुछ तुम ही कर रहे हो क्या ?

—वो सभी कुछ मैं ही करता हूँ जिससे आदमी दहल उठता है, कराह उठता है, भीतर-ही-भीतर चीत्कारने लगता है।

—मेरे माँ-बाप को दुखी करनेवाले तुम ही हो ?

—हाँ मैं ही हूँ। अभी तो शुरुआत है। देखते जाओ आगे क्या होता है।

—ऐसा करके तुम्हें क्या मिलेगा ?

—मेरी जीत होगी।

—तुम भी बाजी लगाते हो क्या ?

—हाँ।

—किसके साथ ?

—जिसको केवल गोद के बच्चे ही देख पाते हैं। जो तुम्हें मुस्कान देते हैं।

—वह तुम्हें मुस्कान नहीं देता ?

—मुझे उसकी मुस्कान नहीं चाहिए।

—क्यों ?

—बस, काफी सवाल पूछ बैठे तुम।

—तुम्हें सवाल अच्छे नहीं लगते ?

—नहीं।

—डाँटते क्यों हो ?

—सवाल पूछना बन्द करो।

—तुम मेरे माँ-बाप को सताना बन्द करो।

—तुम्हारे कहने से मैं अपना काम बन्द कर दूँ ?

—दूसरों को दुःख देना यह कोई काम है ?

—बहुत बोल रहे हो तुम। तुम्हारा यह बोलना सात दिन में बन्द हो जाएगा।

—सात दिन में तो मेरा जन्म होनेवाला है।

—जन्म भी मरण भी।

—तुम मुझे मारोगे ?

—तुम खुद मरोगे अपने जन्म के कुछ ही देर बाद। तुम्हें अपने ही हित में मरना पड़ेगा।

—अपने ही हित में ?

—हाँ, क्योंकि तुम्हारे जनमते ही तुम्हारे माँ-बाप के बीच दरार पैदा होने लगेगी और...

—और क्या ?

—सारे घर और परिवारवाले तुम्हें मनहूस कहने लगेंगे।

—मनहूस क्या होता है।

—आफत और संकट पैदा करनेवाला। नुकसान पहुँचानेवाला। मुसीबत खड़ी करनेवाला और...

—तुम तो बोले थे कि ये सब तुम पैदा करते हो।

—मैं पैदा करवाता हूँ।

—तुम मेरे परिवार का कुछ भी नहीं बिगाड़ सकोगे।

—बिगड़ने लगा है।

—मैं ऐसा नहीं होने दूँगा।

—मरकर रोक पाओगे ?

—जीवित रहकर।

—तुम जीवित नहीं रहोगे। तुम्हारी माँ तुम्हारे जन्म के दिन पहले ही अपनी दवाओं का ओवर डोज ले बैठेगी। उसका असर तुम्हारे ऊपर पड़ेगा। जन्म के कुछ ही देर बाद तुम उस जहर से मर जाओगे।

उस भयानक हँसी के गायब होते ही मैं दहल गया। शरीर में पहले कम्पन आया फिर उत्तेजना। मेरे हाथ-पाँव अपने आप हिलने-डुलने लगे। मेरी उस प्रक्रिया से मेरी माँ पीड़ा से कराह उठी। मैंने चिल्लाना शुरू किया। माँ सुन नहीं पाई पर मेरे स्वर की तरंगों से उसके अपने पेट का दर्द और भी बढ़ गया। मैं चाह रहा था कि मेरी माँ मुझे सुन पाए। मैं नहीं चाहता था कि उसके पहले बच्चे की तरह मैं भी मर जाऊँ। मुझे मरना गँवारा नहीं था। मैं अपनी माँ को दवा का ओवर डोज लेने नहीं दूँगा। डॉक्टर फूफू ने अभी उस दिन माँ को नई दवा देते हुए उसे सावधान किया था कि वह उसके ओवर डोज न ले। दिन-भर में केवल दो गोलियाँ।

मेरे अपने भीतर का डर बढ़ता गया। माँ का दर्द और कराहना दोनों बढ़ते गए। मैंने तुरन्त हाथ-पाँव मारना बन्द कर लिया। माँ का कराहना कुछ कम हुआ। दादी और चाची एक साथ भीतर आकर पूछ उठीं।

—क्या बात है बहू ?

—क्या हुआ दीदी ?

माँ कुछ नहीं बोली।

पर मेरी अनुसनी चिल्लाहट जारी रही।

वह भयानक हँसी मेरे कानों में गूँजती रही।

—बहुत ज्यादा दर्द हो रहा है बेटी ?

—नहीं, माँजी।

मेरी माँ झूठ बोल गई।

—मैं डॉक्टर को फोन करती हूँ दीदी।

—नहीं अंजू।

—प्रिया ! अपने दाँतों को इस तरह मत कसे रहो बेटी। अंजू तुम वैभवी को फोन करो वह अभी घर पर ही होगी।

—नहीं, थोड़ा सा दर्द हुआ था अब कम हो गया।

वह चुभनेवाली हँसी मेरे कानों में प्रतिध्वनित होती रही।

मैं चिल्ला उठा।

—कहाँ हो तुम ? अपनी यह हँसी बन्द क्यों नहीं करते ?

आवाज आई।

—मैं जानता था तुम मुझे पुकारकर रहोगे।

—मैंने तुम्हें पुकारा नहीं। हँसी बन्द करने को कहा।

—दुनिया को रुलाने के लिए मेरा हँसना जरूरी है।

—दुनिया को रुलाकर क्या पाओगे ?

—हँसी-खुशी।

—औरों की हँसी और खुशी छीनकर ?

—हाँ औरों की हँसी-खुशी छीनकर ही मेरी खुशी बनती है।

—तुम कोई पागल हो। तुम्हारे अपने कोई बाल-बच्चे नहीं हैं क्या ?

—अरे वे सब मेरे ही बच्चे तो हैं।

—वे सब कौन ?

—इस युग के या उस युग के ? कई तो नहीं रहे, कई जीवित हैं।

—वे जीवित लोग कौन हैं ?

—बहुत हैं। किस-किस के नाम बताऊँ तुम्हें। वे तो हर देश, हर शहर में हैं। वह जो कल हवाईजहाज में बम रखकर 300 यात्रियों को हमेशा के लिए सुला दिया। वह जो मजहब के नाम पर गोलियाँ चला रहा है। वह जो कल औरतों और बच्चों का बलात्कार करेगा। वह जो कल फिर से हिरोशिमा पैदा करेगा। जिसने कल बच्चों से भरे स्कूल में बम फेंका। जो कल देश में दंगे फसाद पैदा करेंगे। वे जो भाइयों और भाइयों को लड़ाएँगे...ये सब तो मेरे ही बाल-बच्चे हैं।

संगीत के साथ लिपटा हुआ वह स्वर फिर सुनाई पड़ा।

—तुम्हारा जनमना जरूरी है। बहुत ही जरूरी है।

मैंने अनुरोध-भरे स्वर में कहा।

—तुम कुहासे से बाहर आकर बात करो।

—मुझे देख पाने का अधिकार तुम्हें एक ही बार है। अभी देख लोगे तो फिर जनमते हुए तुम मुझे नहीं देख पाओगे। और माँ की गोद से मेरे साथ मुस्कुरा नहीं पाओगे। जो जनमते समय मेरी मुस्कान देखने से वंचित रह जाता है वह बहुत ही आसानी से बुराई के बहकावे में आ जाता है। रोशनी से निकलकर अँधेरे को अपना संसार बना लेता है।

—मैं तुम्हें अभी ही देखना चाहता हूँ क्योंकि मेरा जन्म सम्भव होगा मुझे ऐसा नहीं लगता।

—यह निर्धारित है। तुम जन्म लेकर रहोगे।

—तुमसे पहले वह काली परछाईं तो यह कह गई कि मैं मरा हुआ पैदा होऊँगा।

—बहुत से लोग मरे हुए पैदा होते हैं।

—क्या मतलब ?

—मरे हुए पैदा होते हैं, मरे हुए जीते हैं। तुम जन्मोगे और जीवन्त रूप में जीवित रहोगे।

—मेरी समझ में न आनेवाली बातें मुझसे मत करो।

—तो फिर यह जान लो कि अभी से ठीक नौ दिन में तुम जन्म रहे हो।

—मैं जनमूँगा तो...

—यह उसने कहा है कि तुम जनमोगे तो तेरी जगह तेरी माँ मर जाएगी।

—उसने यह भी कहा है कि मेरी माँ के मेरे जनमते ही मर जाने से मैं मनहूस हो जाऊँगा। अपने परिवार के विनाश का कारण बन जाऊँगा।

—जो मैं कहता हूँ उस पर विश्वास करो।

—वह भी तो यही कह रहा था।

—नहीं, उसने ऐसा नहीं कहा था। उसके यहाँ विश्वास शब्द है ही नहीं। उसने तुमको धमकाते हुए कहा था कि तुम जनमोगे तो वह तुम्हारी माँ को निगल जाएगा।

—इसलिए मुझे जनमने से पहले मरना ही होगा।

—नहीं।

—मेरे जनमने से मेरी माँ मर जाए यह मुझे गवारा नहीं।

—तो तुम्हें यह भी गवारा नहीं होना चाहिए कि उसकी धमकी में आकर तुम कायर बन जाओ और जन्म लेने से इनकार कर जाओ।

—लेकिन मेरी माँ ?

—तुम्हारी माँ को अभी चालीस वर्ष जीना है।

—मेरे जनमने के उपरान्त भी ?

—तुम्हारे जनमने के उपरान्त भी।

—उसने मुझसे कहा है कि मैं उससे जीत नहीं सकता।

—तुम्हें उससे कहना है कि तुम उससे हार नहीं मान सकते। क्या मुझे देखने की तुम्हारी अभिलाषा समाप्त हो गई क्या ?

—नहीं, मैं तुम्हें देखने को बेताब हूँ।

—अच्छाई के रास्ते पर चलनेवालों को मैं अपने दर्शन देकर ही जग में भेजता हूँ।

—सचमुच मेरे जनमने से मेरी माँ...

—तुम्हारे जनमने से ही तुम्हारी माँ जीवित रहेगी और प्रसन्न रहेगी।

—मैं अभी भी उस काली आकृति से भयभीत हूँ।

—इस भय को तुम्हें स्वयं अपने भीतर से मिटाना होगा। मत भूलो कि तुम्हें निर्भीक होकर संसार की काली शक्ति से लड़ना है। पिछले जन्म में विनाशन के आसुरी बहकावे में आकर जो अनर्थ तुमने किया था उसका प्रायश्चित करना है। तुम्हारे पूर्वजन्म का एक और दृश्य तुम्हारे सामने प्रत्यक्ष करने जा रहा हूँ। केवल देख पाओगे। उसे अपनी स्मृति में सँजो नहीं पाओगे। विनाशन फिर तुम्हें बहका रहा है। उसे मालूम है कि इस बार जन्म कर तुम उसकी कई चालों को बेकार कर सकते हो। हिंसा, आतंक, दुश्मनी, मजहबी दरारें और आदमी-आदमी के बीच के अन्तरों को वे ही तोड़ने की कोशिश करते रहे हैं, करते रहेंगे जो इन बुराइयों का पिछले जन्म में शिकार होते रहे हैं।

24

मैं गहरी नींद में था जब न भानेवाली पुकार ने मेरी नींद तोड़ दी।

—चौंक गए न ! मैं विनाशन हूँ।

—मेरे न चाहने पर भी तुम मुझे तंग करने क्यों आ जाते हो ?

—इस बार फिर तुम्हें यह बताने आया हूँ कि मेरी बात न मानने से तुम्हारी माँ की जिन्दगी खतरे में पड़ जाएगी।

—तुम मेरी माँ का कुछ नहीं बिगाड़ सकते। रात में जब कि बुरे सपने से माँ डर गई थी तो मैंने अपनी दादी को बात कहते सुना था।

—तुम्हारी माँ ने मेरा ही सपना देखा था। अच्छा यह बताओ तेरी दादी ने क्या कहा था।

—माँ से बोली थी कि जिसके गले में दुर्गादेवी की चेन होती है उसका कोई भी दुश्मन कुछ नहीं बिगाड़ सकता।

—मैं तुम्हारी माँ का दुश्मन थोड़े ही हूँ। पर हाँ, दुश्मन बन जरूर सकता हूँ और अगर मैं उसका दुश्मन बन गया तो तुम्हारा पूरा परिवार तबाह हो सकता है। तुम्हारे हठ को शुरू से ही मैं समझ गया था इसीलिए मैं पहले ही से तुम्हारी माँ के पहले पति को अपने बस में कर चुका हूँ। अगर तुम मेरा खेल नहीं खेलते हो तो वह आदमी मेरे खेल को खेल कर रहेगा। उसके आदमी के जरिए मैं तुम्हारी माँ की बाकी जिन्दगी—अगर वह तुम्हें जन्म देने के बाद बच भी गई तो मैं उसे मटियामेट करके रहूँगा।

—मैंने अपनी दादी से एक बात और सुनी थी।

—क्या ?

—बुरा चाहनेवाला लाख बुरा चाहे पर जब रक्षा करनेवाला सामने हो तो बुरा चाहनेवाला कानी अँगुली तक नहीं छू सकता।

—तुम अब बहुत बोलने लगे हो।

—तुम्हें अपनी माँ के खिलाफ कभी भी नहीं बोलने दूँगा।

—उसके खिलाफ तो तुम खुद जा रहे हो। खुद जनमने के लिए उसके जीवन की परवाह नहीं कर रहे हो।

—तुम न मेरा कुछ बिगाड़ सकते हो, न मेरी माँ का कोई बाल तक बाँका कर सकोगे।

—यह भी तुम्हारी दादी की कही हुई बात है ?

—हाँ, यह भी मेरी दादी की कही हुई बात है। मुझे सोने दो।

—मैं तो तुम्हें नींद ही नींद देने आया हूँ पर तुम हो कि जागे रहना चाहते हो। मेरी बात मानो और मेरी मदद करो ताकि मैं तुम्हें दुनिया के दुख-दर्द से मुक्त कर सकूँ बस मेरी बात मान लो और...

दादी के पूजा-घर से घंटी की आवाज आते ही विनाशन की काली छाया ओझल हो गई और उसका बोलना बन्द हो गया।

उधर से आ रही प्रार्थना को मेरी माँ गुनगुना उठी। मैं सुनता रहा। प्रार्थना के समाप्त होने के बाद मुझे अपने बाप के दफ्तर से घर आ जाने की आहट मिली। घर में उतने भारी कदमों से कोई नहीं चलता था। उसे कहते सुना।

—आज का दिन कैसा रहा प्रिया ?

—बहुत अच्छा रहा।

माँ सच नहीं बोली थी। दोपहर में वह देर तक दर्द से कराहती रही थी। मेरे बाप ने आगे पूछा।

—हमारे नन्हे आनन्द ने तुम्हें सताया तो नहीं।

माँ फिर झूठ बोल गई थी। मैंने जब भी पेट के भीतर हाथ-पाँव मारने की चेष्टा की थी, माँ के दोनों हाथ पेट पर आते रहे थे। मैंने अपने बाप के सिर को माँ के पेट पर महसूस किया।

—मैं भी तो सुनूँ मेरा मुन्ना क्या बोल रहा है।

मुझे सुन पाने से पहले मेरे बाप को अचानक टेलीफोन की घंटी की घनघनाहट सुननी पड़ गई।

वह दादी की दबी हुई आवाज थी जो मैं सुन पाया।

—उदय ! किसने इस आदमी को हमारे घर के भीतर आने दिया ?

और इसके बाद जो दूसरा स्वर मैंने सुना उसे पहचानते मुझे देर नहीं लगी।

—आधे घंटे पहले मैं आपके बेटे से फोन पर बात करके बता चुका था कि मैं आपके घर आ रहा हूँ।

मेरी माँ के यह कहने पर कि वह अपने कमरे को लौट रही थी मेरे बाप ने उसे रोक लिया।

—बैठो प्रिया। सभी के सामने बातें होंगी।

मेरी दादी आपत्ति कर बैठी।

—मेरी बहू की तबीयत ठीक नहीं है। उसे अपने कमरे में जाने दो।

—नहीं माँ, प्रिया को यहीं सोफे पर बैठने दो।

इसके बाद मेरे बाप ने आगन्तुक को सम्बोधित करते हुए कहा।

—भूपेन सुहावनजी आप भी बैठिए।

क्षण-भर की चुप्पी के बाद मेरा बाप ही बोला।

—आप ठंडा-गरम क्या पीना चाहेंगे ?

—कुछ नहीं।

—तो फिर पहले आप ही बात शुरू करें।

मुझे तनिक भी अच्छी न लगनेवाली आवाज में उस आदमी ने कहा।

—मैं अपनी पत्नी को वापस ले जाने के लिए आया हूँ।

—देखिए...

मेरे बाप को रोक मेरी दादी बोल उठी।

—उदय, मुझे बात करने दो।...आपका नाम भूपेन है ?

—हाँ, मैं लम्बे समय तक फ्रांस में रहकर लौटा हूँ।

—आप कहाँ रहे क्या करते रहे आप जानें। हमें केवल यह बताइए कि आप अपनी पत्नी के लिए हमारे घर क्यों आए ?

—क्योंकि मेरी पत्नी इस घर में है।

—मैं तो आपकी पत्नी नहीं हो सकती। मेरे बाद इस घर में मेरी दो पुत्रवधुएँ हैं। बाईं ओर मेरे छोटे बेटे की बगल में खड़ी मेरी छोटी बहू और मेरे बड़े बेटे की बगल में मेरी बड़ी बहू है।

—आपकी बड़ी बहू प्रिया मेरी पत्नी है।

—माँजी, इस आदमी से कहिए कि मैं प्रिया नहीं श्रीमती रामगति हूँ।

—तुम चुप रहो प्रिया। मुझे बात करने दो। कितने साल तक आप फ्रांस में रहे ?

—नौ साल।

—और आपकी यह पत्नी आपके साथ कितने साल रही ?

—वह मेरे साथ नहीं गई थी।

—नहीं गई थी या आप ले नहीं गए थे ?

—आप मुझसे गलत सवाल कर रही हैं ?

—तो सही सवाल क्या होना चाहिए ?

—यही कि प्रिया मेरी पत्नी है या नहीं ? मेरे साथ शादी के मंडप में इसका ब्याह हुआ है या नहीं ?

—पहले आप मुझे यह बताइए कि प्रिया इस घर में क्यों रह रही है ? भागकर तो नहीं आई होगी ? आप मेरे प्रश्नों के उत्तर नहीं दे रहे।

—इसने दूसरी शादी कर ली।

—और जैसा कि आप देख रहे हैं यह कुछ ही दिनों में माँ बननेवाली है...

—इसीलिए तो इस घर में आने का इतना बड़ा साहस किया है मैंने। मुझे अपना बच्चा चाहिए।

—क्या मतलब ?

—जब मैं फ्रांस जाने को तैयार हुआ था तो इसके पेट में मेरा बच्चा था। मैं अपना बच्चा वापस लेने आया हूँ।

—नौ वर्ष बाद ? क्या इस बीच आपने फ्रांस में रहते हुए कभी यह जानने की कोशिश की थी कि आपका जनमनेवाला बच्चा लड़का था या लड़की ? खैर, आपको सवाल पसन्द नहीं इसलिए मैं सवाल बन्द करके आपको कुछ जानकारियाँ देना चाहूँगी। पहली जानकारी यह है कि अभी कुछ ही दिन में अपनी बहू से उसकी पूरी कहानी सुन चुकी हूँ। दूसरी जानकारी प्रिया इस घर में शादी होकर आई है। तीसरी जानकारी...

—देखिए मैं यहाँ आपके परिवार का इतिहास सुनने नहीं आया। मैं अपनी पत्नी अपने बच्चे को वापस ले जाने के लिए आया हूँ।

मैंने अपने चाचा को डाँटकर बोलते हुए सुना।

—आप यह मत भूलिए कि इस समय आप हमारे घर में हैं। तमीज से बात कीजिए...

चाचा को रोकते हुए मेरे बाप ने कहा।

—उमेश, तुम बीच में मत बोलो भाई। माँ को बात करने दो।

दादी बोली।

—नौ साल बाद अपनी त्यागी हुई पत्नी पर अधिकार जताना बेवकूफी है। वह भी जब आपको मालूम हो कि वह किसी दूसरे की पत्नी और उसके बच्चे की माँ बनने को है।

—मैं अपनी पत्नी और अपने बच्चे को प्राप्त करके रहूँगा। आज मेरे पास इतने रुपए हैं कि मैं दुनिया की सबसे बड़ी अदालत का दरवाजा खटखटा सकता हूँ।

—अच्छा तो यह रुपए की ताकत बोल रही है ?

पहली बार मेरी माँ ने कुछ कहना चाहा पर मेरी दादी ने उसे रोकते हुए कहा।

—नहीं बेटा, तुम इस आदमी के मुँह नहीं लगोगी। यह हमारे घर को दुकान समझकर यहाँ पत्नी और बच्चा खरीदने पहुँचा है।

—देखिए मैं आपके घर में हूँ इसका मतलब यह नहीं कि मेरा कोई अधिकार नहीं बनता।

—आप जिस अधिकार की नीलामी कर चुके उसे पाने का हक जता रहे हैं। नौ सालों में आपने कभी यह जानने की कोशिश नहीं की कि आपकी पत्नी जिन्दा है या मर गई। आपका बच्चा जन्म पाया या नहीं। आज जब आपकी दूसरी पत्नी और उससे पैदा आपके बच्चे आपको ठुकरा चुके तब आपको खयाल आया कि कभी आपने इस देश में भी शादी की थी और आपका यहाँ एक बच्चा जरूर होगा। जब नौ साल तक आपकी पत्नी और उससे जन्मे आपके बच्चे आपके साथ रहकर आपकी कमाई पर पलते रहे फिर भी आपको ठुकरा जाने का उन्हें अधिकार हुआ। तो फिर आप यह कैसे माने बैठे हैं कि जिसे आप नौ साल पहले बेसहारा गली-गली की ठोकरें खाने को छोड़ गए थे उसे आपसे सम्बन्ध तोड़ने का अधिकार नहीं। मैं तो पिछड़ गए जमाने की होकर यह मान रही हूँ कि प्रिया पर आपका कोई अधिकार नहीं और उसे यह पूरा अधिकार है कि वह अपनी माँग को पोंछकर विधवा बन जाए और फिर विधवा से सुहागन। मेरी बहू ने यही किया है। आपको मरा हुआ पाकर अपने को विधवा बना लिया और वर्षों तक विधवा का जीवन जीती रही। अब यह नया जीवन जी रही है। सुहागन का जीवन और सुहागन के जीवन पर किसी पराए मर्द का कोई अधिकार नहीं बनता।

—यह गलती तो आपके बेटे ने की है। सुहागन पर पराए का अधिकार।

—मेरे भाई ने सुहागन को नहीं उस समय की एक जिन्दा लाश को जीवन दिया था।

चाचा की यह बात मुझे बेहद अच्छी लगी चाहे पूरी तरह समझ में न आने पर भी। चाचा ने आगे उसी स्वर में कहा।

—माँ ! मैं सोचता हूँ कि भाभी को भी कुछ बोलने दिया जाए।

वाह ! चाचा तो गोया मेरे मन की बात कह गया। शायद चाचा के इस प्रस्ताव पर दादी कुछ देर सोचती रही तब ही तो कुछ ठहरकर बोली।

—हाँ बेटी, तुम्हें भी बोलने का अधिकार है।

—मुझे केवल इतना कहना है कि नौ साल पहले मेरा अपना कोई जीवन था ही नहीं, उधार का जीवन जी रही थी। मेरा जीवन तो तब शुरू हुआ जब मैं इस घर में दाखिल हुई। नौ वर्ष मुझे मरा हुआ मानकर यह आदमी अगर आज मुझे अपनी पत्नी मानने का दावा कर रहा है तो उसे मैं केवल इतना कहूँगी। वह गलत ठौर पर आ गया है। जिसके साथ उसने अग्नि की परिक्रमा की थी वह तो उस अग्निकुंड में कब की जलकर राख हो गई। उसे नौ साल पीछे जाकर अपनी पत्नी की राख ढूँढ़कर उसे समन्दर में बहा देना होगा। बस !

चिल्लाहट !

—और मेरा बच्चा ?

—वह भी अपनी माँ की तरह उसी क्षण मर गया था।

—या मार डाला था तुमने ? हत्यारिनी ?

मुझे लगा कि मेरा बाप अपनी जगह से उठ खड़ा हुआ।

—आप मेरे घर में होकर भूल बैठे हैं कि कहाँ है पर मैं नहीं भूल सकता कि आप मेरे घर में हैं। इसलिए मैं आपका अपमान नहीं कर सकता। जो कुछ कहना था मेरी माँ और मेरी पत्नी आपसे कह चुकी। अब बाकी आप जानें। पिछली बार आपने धमकी दी थी आज भी दी कि आप अदालत तक जाएँगे। आप जो चाहे कीजिए पर इतना जान लीजिए कि दुनिया की कोई भी अदालत आपके पक्ष में फैसला नहीं करेगी। और अगर आपको अपने रुपए का इतना अधिक घमंड है तो यह मत भूलिएगा कि हम भी कंगाल नहीं हैं। मैं अपने घर में खड़ा हूँ और आप अब भी बैठे हुए हैं।

—मैं सीधी अँगुली से घी निकालने आया था पर लगता है अब टेढ़ी अँगुली से घी निकल पाएगा। आगे सारा कुछ पुलिस और वकील के द्वारा होगा।

—ठीक है आप डाल-डाल हम पात-पात।

यह आखिरी वाक्य मेरे चाचा का था जिस पर मैं बोल उठा।

—ब्रावो !

यह शब्द मैंने डॉक्टर फूफू से सीखा था।

25

जहाँ इस बात से मन को धीरज बँधा वहीं उषा के अधजले-अधउजड़े घर के सामने खड़े यह सोचकर मन बैठ गया। मैं अपने आपसे बस बार-बार वही पूछता रहा कि आखिर

वह श्रीनगर क्यों छोड़ गई। लोगों की इस बात से जहाँ थोड़ी सी उम्मीद बँधी थी कि वह खुद जाना नहीं चाहती थी। अपनी मौसी के द्वारा विवश करने पर ही उसके साथ गढ़वाल जाने को तैयार हो गई थी। उसके खुद न जाने से मुझे यह विश्वास हो गया था कि मेरे गुनाह को माफ करके वह अब भी मुझे प्यार करती थी।

मगर मश्कोह से कारगिल की ओर जाती हुई दो हथियार-भरी लारियों के बम से उड़ाने के बाद उषा के घर की ओर आने लगा था तो मेरे साथियों ने मुझे रोकने की कोशिश की थी। कहा था कि पुलिस और हिन्दुस्तानी सेना के कुछ लोग हमारी तलाश में हैं इसलिए खतरा मोल लेना मेरे लिए अच्छा नहीं था। उन्हें मुझसे अधिक डर अपने लिए था। वे डरते थे कि कहीं मेरे पकड़े जाने पर हमारे बीच की तकरारों के कारण मैं उन्हें भी पकड़वा न दूँ। उस आखिरी मिशन पर निकलने से पहले मैंने उन तीनों के सामने इमाम चाचा की बातों को रखते हुए कहा था।

—हम भाड़े के टट्टू हैं। हमसे जो जंग लड़ाया जा रहा है वह हमारा जंग है ही नहीं। मैं अपने मुल्क पर कुर्बान हो सकता हूँ पर मैं तुम तीनों से पूछता हूँ—क्या तुम तीनों इसे अब भी मुल्क की लड़ाई माने बैठे हो ? इमाम चाचा की एक-एक बात अब मुझे सही लगने लगी है। यह वतन और कौम, तहजीब और मजहब की जंग नहीं है। यह सियासत की लड़ाई है।

फेरोज़ ने मुझे राइफल की मुट्ठ से पीछे ढकेल दिया था।

—चुप रहो गद्दार ! एक गैर कौमी काफिर लड़की के कारण हमारी पाक लड़ाई को गलत बता रहे हो।

मेरा बोलना नहीं रुका था !

—जमीन पर लुढ़ककर भी मैं बोलता ही गया था।

—आज हम सभी जानते हैं कि हमारे मुल्क की क्या हालत है। तंगहाली, बेकारी, बेइंसाफी, फिजूलखर्ची, भुखमरी से हमारा मुल्क बिलख रहा है। आपसी झगड़े, तनाव और बेकारी के कारण अपने आपको टूटा हुआ पा रहा है। इन तमाम खराबियों, लिजलिजेपनों और हताशा की हालत में जब आवाम अपने हक का तकाजा कर रहा है तो सियासत उसे शतरंज का मोहरा बनाकर अपना खेल जारी कर चुकी है। यह नाटक नहीं तो और क्या कि हमारे सियासती और मजहबी लीडर अपनी साँठगाँठ से हमारे ध्यान को सही मुद्दों, सही खतरों और सही समस्याओं से हटाकर एक नकली लड़ाई में हमें ढकेल रहे हैं। ढकेल चुके हैं। आवाम उनके बहकावे में आकर आज अपनी तंगहाली, बेकारी, भूख और बेइज्जती को भूलकर चन्द टेरोरिस्ट लोगों को मजहब और गरीबों को रहनुमे मान बैठे हैं। सियासत ने मजहब से कहा मजहब आफत में है और चन्द मजहबी लीडरों ने आवाम से कहा हमें जिहाद छेड़ना है।

इस बार करीम ने अपने हाथ की मशीनगन को मेरे सिर पर दे मारा था। फिर उसी करीम ने मेरे माथे पर मरहम-पट्टी बाँधते हुए कहा था।

—अपने को उस लड़की के जादू से रिहा करो।

पूरी तीन रातें मैं चलता रहा। कई बार रास्ते भूलता रहा कई बार राह में मिले लोगों की मदद से आगे बढ़ता रहा। पहाड़ियों के सुनसान रास्तों में अपने आप और कभी-कभार उषा की मौजूदगी महसूस कर उससे सवाल करता रहा। कोई जवाब नहीं। गढ़वाल अभी भी दूर था।

दूसरी बार के लिए पापा अखबारों में आई सनसनीखेज खबरें माँ को सुना रहा था। उसने सुनाना तो बहुत पहले शुरू किया था पर चाचा के साथ दादी के आने पर वह खबर को उसकी उत्सुकता की चरम सीमा पर रोक जाने को विवश हो गया था। दादी बोलती रही फिर चाचा बोलता रहा। इस बीच अंजू चाची भी आ गई थी। यही नहीं कुछ ही मिनट बाद शिवानी भी आ गई इस बार माँ के साथ-साथ उसका बाप भी था। फिर तो पूरे घंटे तक बातें होती रहीं। डॉ. फूफू ने माँ की साँसों और नब्जों का मुआईना भी किया। शिवानी जैसे कि मुझसे बोलना ही नहीं चाह रही थी। मैंने कहा।

—क्यों शिवानी तुम आज बातें क्यों नहीं करना चाह रही ?

वह चुप ही रह गई थी और मुझे ही बात आगे बढ़ाने पड़ी।

—लगता है तुम पर डाँट पड़ी है।

—हाँ।

उसके इस छोटे और रूखे उत्तर के बाद मैंने पूछा।

—क्यों डाँट पड़ी ?

—मैंने दूध पीना नहीं चाहा था।

—मार तो नहीं पड़ी न ?

—उस डाँट से अधिक चोट आई थी। मार से कहीं अधिक।

—तुम बोल रही तो मैं मान रहा हूँ। मुझे तो इन दोनों में से किसी एक का भी अनुभव नहीं...अरे नहीं डाँट का अनुभव तो मुझे है। दादी ने जब एक बार माँ को डाँटा था तो मुझे चोट लगने की-सी अनुभूति हुई थी। और क्या-क्या हुआ तुम्हारे साथ ?

—कुछ और छोटी थी तो अलग रोना था अब जब बोलने लगी हूँ तो अलग रोना।

—ऐसा क्यों ?

—अधिक छोटी थी तो माँ मुझे गोद में लिये अपने साथ शादी, पूजा, सिनेमा हर जगह ले जाती थी अब यह कहकर नहीं ले जाती है कि मैं वहाँ सभी को तंग करती रहूँगी। पहले मुझे गाना गवाकर और नचवाकर लोग खुश होते थे, अब चलती-फिरती और दौड़ती हूँ तो आदेश दिया जाता है—ऐ शिवानी अच्छी बच्ची की तरह चुपचाप बैठ। अब तुम ही सोचो रोना भी मना, हँसना भी मना।

अपने फूफा को डाँटते हुए सुना।

—शिवानी ! अच्छी बच्ची की तरह चुपचाप बैठो। बड़ों को बात करने दो।

—सुना तुमने ? कल जितना बोलती, गाती और नाचती थी उतनी ही सराही जाती

थी। सभी बड़े लोग गोद उठा-उठाकर चूम लेते थे। अब बोलती हूँ तो कहा जाता है चुप ! बड़ों को तंग मत करो।

—मेरे साथ भी ऐसा ही होगा।

—सभी बच्चों के साथ ऐसा ही होता है। अब अपनी पसन्द का कुछ नहीं चलता। इनकी पसन्द का खाओ, इनकी पसन्द का पिओ, इनकी पसन्द का पहनो। देख रहे हो यह झूल जैसा झगला पहना दिया गया है मुझे। यह बोलकर मेरे सिर पर छाते जैसी टोपी रख दी गई है कि बाहर धूप होगी। यहाँ तो धूप नहीं है...

शायद शिवानी अपने सिर से टोपी नोचकर उतारने लगी थी तभी तो उसका बाप चिल्ला उठा।

—मत नोचो टोपी को। सिर पर रहने दो।

—शिवानी ! यह तो सचमुच...

—आजादी छीन लेनेवाली बात हुई न ?

शिवानी के चले जाने के बाद माँ के साथ अकेले होते ही मेरा बाप बोल गया।

—हत्याकांडों और बैंक में डाका पड़नेवाली घटनाओं को लेकर नई बातें सामने आई हैं। इसके साथ राजनीति के लोग भी जुड़े हुए हैं। एक अपराधी ने अपने बयान में यह कहा है कि शहर के गोराईसाक चौराहे पर जो हत्याएँ हुईं उनमें एक बहुत बड़े मन्त्री का हाथ है। सारा अनर्थ राजनीति के बढ़ावे से ही होता है। अब तो धर्म भी अपने को पीछे नहीं रख रहा।

यह राजनीति और धर्म दोनों ही मुझे बड़ी ऊटपटाँग चीजें लगीं।

26

चाचा का जन्मदिन ?

यह सुनकर पहले तो मुझे भारी आश्चर्य हुआ। बाद में जुटे रिश्तेदारों और पड़ोसियों की बातों से असलियत समझ में आई। यानी कि आज ही के दिन उनतीस साल पहले मेरा चाचा जनमा था। आज उस दिन की खुशी मनाई जा रही थी। सुजाता ने, हमारे घर की नौकरानी जो अपनी बीमारी के कारण दो सप्ताह बाद काम पर आई थी, भोजपुरी लोकगीत गाकर सभी को खुश किया। मुझे भी वह गाना बहुत पसन्द आया जो इस तरह शुरू होकर इसी तरह पूरा हुआ था—*अयोध्या के भाग जागल राम के जनम भयल।* इसके बाद खाने-पीने का कार्यक्रम जब चला तो जो भी दस-बारह लोग बाहर से आए हुए थे एक ही साथ बोलते प्रतीत होने लगे। कोलाहल मुझे अच्छा नहीं लग रहा था। लगा कि डॉक्टर फूफू को भी शोर नहीं भाया। उसे माँ से कहते सुना।

—चलो प्रिया, आँगन में चलकर बैठते हैं। उदय भैया तुम भी चलो। वैसे भी यहाँ गर्मी बहुत है।

शिवानी मुझसे बातें करके सो गई थी। हम जब आँगन में पहुँचे तो साथ के तीनों व्यक्तियों की तरह मुझे भी एक ठंडक का अहसास हुआ। आँगन में चाँदनी छिटकी हुई थी। माँ जब लोहे की बेंच पर बैठने को हुई तो मेरे बाप ने कहा।

—सँभलकर।

मुझे लगा कि उसने माँ की बाँह थामकर उसे बैठने में मदद की। एक चुप्पी के बाद मैंने फूफू को कहते सुना।

—भैया ! भौजी को तुमसे एक जरूरी बात करनी है।

इधर तीन दिनों से अपनाए अपने नीरस स्वर में मेरा बाप पूछ गया।

—तुम्हारे माध्यम से ?

—नहीं, मेरी मौजूदगी में।

—मुझे भी तुम्हारी उपस्थिति में उससे एक बात पूछनी है।

—तो ठीक है भैया पहले तुम ही बात पूछो।

—नहीं, प्रिया से कहो पहले वह अपनी बात बताए।

इस पर माँ बोली।

—ठीक है पहले मैं अपनी बात बताती हूँ।

खामोश ! फिर आवाज !

—गुनाह की भावना मुझे बोलने से रोकती रही। उस दिन वह व्यक्ति सही कह गया था कि मैं हत्यारिनी हूँ। मैंने अपने पहले बच्चे की जान ली है।

—प्रिया !

—भैया ! भाभी को बोलने दो।

—मैं कातिल हूँ। बच्चे के जनमने से पहले मैं एक बहुत भारी सरदर्द से पागल-सी हो उठी थी। घर पर कोई नहीं था। सभी लोग गंगा स्नान के अवसर पर समुद्र तट गए हुए थे। पेट का दर्द अलग था पर सिर का दर्द उससे भी दर्दनाक था। असह्य ! जब मुझसे रहा नहीं गया तो मैंने दवाओं के बीच से सर-दर्द की पाँच पानाडोल गोलियाँ एक साथ निगल ली थीं। साथ में नींद की दो गोलियाँ भी। ऐसा नहीं करती तो वह बच्ची मरी हुई नहीं जनमती। बच्चा उन गोलियों के असर से मरा हुआ जनमा।

फिर चन्द मिनटों चुप्पी फिर वह मौन टूटा।

—पर मुझे उस बच्चे की मौत का गम न तो तब था और न अब है। एक निष्ठुर, निर्दयी के बच्चे की माँ बनना मुझे गवारा नहीं था। मेरे भीतर मेरी ममता कराह उठी थी। बच्चे की प्रबल इच्छा थी मेरे भीतर लेकिन ऐसे बच्चे की नहीं जिसकी जन्मपत्री पर उसके बाप का नाम नहीं आ पाता, जिसे स्कूल में लोग हरामी कहते और जिसकी परवरिश के लिए मुझे औरों के सामने हाथ फैलाने पड़ते। मैं एक ऐसे बच्चे को जन्म देना चाहती थी जो दो हृदयों के प्यार की उपज होती। मेरा गर्भ दो महीने का था तभी मैं उसे गिरा देना चाह रही थी। पर न जाने क्यों नहीं कर पाई। तीन महीने के गर्भ के बाद जब मुझे अपने भीतर एक जान, एक जीव की अनुभूति होने लगी तो मैं गर्भपात

के खयाल से दहलने लगी। आधी-आधी रात तक तिलमिलाती रही। उधेड़बुन में करवटें बदलती रही। फैक्टरी में कुछ सहेलियों ने उससे बाज आ जाने को कहा। मेरी बहन अंजू तक ने कहा कि मैं इतनी आसानी से अपनी आजादी को न खोऊँ। मैं थी कि अपनी आजादी को भी नीलाम करके बच्चे को जन्म देकर माँ और बाप दोनों भूमिकाओं का प्रण कर लिया...

मौन ! मौनभंग !!

—पर उस दिन न जाने किस शैतानी प्रभाव में आकर मैं उस बच्चे की मृत्यु का कारण बन गई। अपने बच्चे की कातिल बनकर रही...

इसके बाद मेरी माँ की आवाज पागलों जैसी हो गई।

—मैं फिर कहती हूँ मुझे उस बच्चे की मौत का कोई पछतावा नहीं। दुःख है उस गुनाह का, पर उसे खोने का कोई ग़म नहीं।

माँ रो उठी। मैं भी बिलख उठा। मेरे बाप की आवाज रुआँसी होकर भरी हुई आई।

—अब मैं अपनी बात पूछूँ प्रिया ? क्या कारण है कि तुमने मुझे यह बात पहले नहीं बताई ? क्या तुम्हें मेरे प्यार पर विश्वास नहीं था ? क्या कारण था प्रिया ? आज जब तुम हमारे बच्चे की माँ बनकर मुझे बाप बनने का अधिकार और गर्व प्रदान कर रही हो तो क्या ऐसे अवसर पर ऐसी स्थिति का आना जरूरी था।

—भैया ! भाभी ! अब तुम दोनों चुप रहो। तुम दोनों राई को पहाड़ बनाकर एक-दूसरे से अपने को विलग पाने लगे हो। इधर तीन दिनों से मैं इसी समस्या पर छानबीन करती रही हूँ पर इस बारे में मैं कुछ बताऊँ मुझे अपने एक प्रश्न का उत्तर चाहिए। तुमसे भैया। क्या यह जो कुछ हुआ इससे प्रिया भौजी के लिए तुम्हारे हृदय में जो प्यार था जो जगह थी वह कम हो गया, जगह नहीं रही ?

—मेरा प्यार क्यों कम होने लगा। मुझे तो बस इस बात का दुःख है कि मेरी पत्नी को मेरे प्यार पर विश्वास नहीं रहा।

—नहीं भैया। तुम्हारे ऊपर के विश्वास और तुम दोनों के प्यार भाभी को इस दुविधा में ढकेल गए थे। खैर ! अब मेरी बात सुनो।

मैं भी अधिक सजग हो उठा फूफू को सुनने के लिए। उसने बोलना शुरू किया।

—मैंने उस अस्पताल के मैटरनिटी वॉर्ड की फाइलें देखीं जहाँ बच्चे को जन्म देने के लिए तुम्हारी भर्ती हुई थी। मैंने वहाँ के अवकाश प्राप्त डॉक्टर गंगादत्त से भी बातें कीं। दूसरे सम्बद्ध परिचारिकाओं और डॉक्टरों से भी मिली और जो जानकारियाँ मैं हासिल कर सकी हूँ वे सौ प्रतिशत ऑफिसियल हैं। जाहिर है कि अगर उन दो तरह की गोलियों से बच्चे पर कोई असर होता तो सिर्फ यह कि जन्म के बाद कुछ समय तक नींद में बेसुध रहता। पर बच्चे पर तो गोलियों का कोई असर हुआ ही नहीं।

मैं बड़ी ही अधीरता के साथ सुन रहा था कि एकाएक डॉक्टर फूफू चुप हो गई। कौतुक बढ़ाने के बाद ही बोली।

—जानते हो असर क्यों नहीं हुआ ?

फिर चुप रही। मैंने कहना चाहा।

—आगे तो बताओ फूफू।

पर मेरे कहने से पहले वह बोली।

—क्योंकि वह बच्चा तुम्हारे पेट में तीन दिन से मरा हुआ था। अब बताओ तुम कातिल कैसे हुई ?

कुछ दूरी से चाचा की आवाज आई।

—तुम तीनों वहाँ क्या कर रहे हो ? भीतर आओ हम लोग खाने पर बैठ रहे हैं।

चाचा की गिनती मुझे पसन्द नहीं आई। आँगन में हम तीन थोड़े ही थे।

27

उस आदमी के जाने के बाद मेरी माँ पहले तो दादी की गोद में सिर रखकर रोती रही थी। माँ का सिर दादी की गोद में था इसका संकेत दादी की इस बात से मुझे मिला था—बेटी तुम्हारा सिर सास की नहीं माँ की गोद में है। माँ की गोद तो शान्ति और सुख प्रदान करती है। रोओ मत। उस आदमी की अब हिम्मत नहीं होगी इस घर की ओर अँगुली उठाने की। मेरी खुशी का अन्दाजा नहीं लगा सकती। तुम मुझे पहली बार दादी बनने का अहोभाग्य प्रदान कुछ ही दिनों में प्रदान करने जा रही हो। तुम्हारे ससुर होते तो आज कितना खुश होते। उन्होंने जब मुझे हिन्दी पढ़ाना शुरू किया था, उन दिनों वे खुद जयशंकर प्रसादजी का कहानी संग्रह पढ़ रहे थे। उनकी एक कहानी का दीपशिखा शब्द उन्हें इतना पसन्द आ गया था कि वे मुझे इस परिवार की दीपशिखा कहने लगे थे। आज से इस घर की दीपशिखा तुम हो। इस पर मेरी माँ और भी रो उठी थी।

मेरी दादी ने जब उससे कहा कि बेटी ऐसी स्थिति में आँसू नहीं बहाते तो माँ बोल गई थी।

—माँजी ये तो खुशी के आँसू हैं।

यही बात रात में मेरे बाप ने भी कही थी। माँ से पहले यह कहा था कि आज पहली बार मेरी माँ को पूरे घर का इतना अगाध प्यार एक साथ मिला था। माँ अपने को रोने से नहीं रोक सकी थी। चाची जब उसके आँसू अपने आँचल से पोंछने लगी थी तो मेरा बाप बोल गया था।

—अंजू ! ये खुशी के आँसू हैं। इन्हें बहने दो।

ऐसा बहुत कम अवसरों पर हुआ था कि माँ के सो जाने के बाद मैं जागता रह गया होऊँ। पर माँ सो गई थी और मैं जाग रहा था जब रंगबिरंगी किरणों के दृश्य मेरे सामने उभरने शुरू हुए थे। साथ में वही मधुर संगीत भी सुनाई पड़ने लगा था और मैंने अपने को एक ऊँचे पहाड़ी इलाके में पाया। विश्वप्रणेता की स्वरलहरी मुझ तक पहुँची।

—आनन्द ! इस समय तुम अपने पूर्वजन्म के आखिरी दिनों में अपने छद्म नाम

जितेन्द्र को त्याग कर एक-दूसरे नकली नाम के साथ पौड़ी गढ़वाल के एक ऐसे स्थल पर खड़े हो जहाँ से हिमालय के कई शिखर तुम्हारी आँखों के सामने हैं।

सचमुच मैं जिस सैलानी होटल में ठहरा हुआ था वहाँ से मेरे सामने स्वर्गारोहिणी से लेकर नीलकंठ के बीच और दस पहाड़ी चोटियाँ बर्फों से ढके अपने साये को उन्नत रखे हुई थीं। होटल के एक कर्मचारी ने मुझसे कहा।

—साहब आप किस्मतवाले हैं।

—क्यों ऐसी क्या बात हो गई ?

—इस मौसम में यहाँ सूरज के दर्शन होते ही नहीं। आप यहाँ कल आए और कल ही से यह सूरज इस तरह उगा है कि सामने देखिए—स्वर्गारोहिणी, जैमली, गंगोत्री, बन्दर पूँछ, भृगुपन्थ, केदारनाथ, सुमरू पर्वत, चौखम्भा, कुम्भलिंग, त्रिशूल, हाथी पर्वत तथा नीलकंठ सभी इतने स्पष्ट दिखाई पड़ रहे हैं कि लगता है हाथ आगे बढ़ाकर उन सभी शिखरों को छुआ जा सकता है।

मुझे बहुत छोटी उम्र से पर्वतारोहण में रुचि थी। कई चोटियों पर पहुँच चुका था। मैं चाहता तो होटल कर्मचारी को यह बता सकता था कि भाई स्वर्गारोहिणी की ऊँचाई 6196 मीटर की है, गंगोत्री पर्वतमाला की सबसे ऊँची चोटी 6575 की है और इन तमाम शिखरों में नीलकंठ सबसे ऊँचा है 7015 मीटर।

पर मैं इन फालतू बातों के लिए कश्मीर से छिपता-भागता यहाँ थोड़े ही पहुँचा हूँ। यहाँ पहुँचे मेरा तीसरा दिन था। सात दिन पहले मैं जम्मू में यह सुराग ढूँढ़ता हुआ भटक रहा था कि अपने घर के उजड़ जाने और अपने परिवार की मौत के बाद उषा किस घर में पनाह लिए हुई थी। काफी खोजबीन के बाद पता लगाकर ही रहा कि गढ़वाल से आई मौसी उसे अपने यहाँ ले गई है।

यह पता भी लगा पाने में मैं कामयाब हो पाया था कि उषा का मौसा गढ़वाल विश्वविद्यालय में प्राध्यापक था। जब से यहाँ पहुँचा हूँ उस व्यक्ति के घर की तलाश में हूँ। अब तक कोई नहीं बता पाया कि विद्यालय के किस प्रोफेसर के परिवार जम्मू-कश्मीर में रहते हैं। यह भी कोई नहीं बता पाया कि यहाँ का कौन परिवार कश्मीरी पंडितों से जुड़ा हुआ था। तराइयों और ऊँचाइयों तक कई लोगों से पूछताछ करता हुआ बाद में तय किया कि सीधे विश्वविद्यालय ही पहुँचूँ। मरम्मत के कार्यों के कारण विद्यालय का मुख्य प्रवेश द्वार बन्द था इसलिए एक कारीगर से पता लगाकर मैं पीछे के दरख्तों के बीच की एक पगडंडी के जरिए ढलान से उतरता हुआ विश्वविद्यालय के प्रांगण में पहुँचा। छात्रों की एक टोली के एक छात्र के करीब पहुँचकर मैंने कहा।

—मैं कश्मीर से आया हूँ। मेरा एक परिवार यहाँ पढ़ाता है। उसका नाम याद नहीं रहा पर इतना जरूर जानता हूँ कि वह कश्मीरी ब्राह्मण परिवार का है।

उस लम्बे तगड़े लड़के ने अपने दो साथियों से बात की फिर मुझसे बोला।

—यहाँ दो कश्मीरी पंडितों से जुड़े हुए परिवार रहते हैं। दोनों यहाँ प्राध्यापक हैं।

—आगे कुछ और बातचीत के बाद पता चला कि उन दो प्राध्यापकों में एक बनारस

चला गया। और दूसरा अपना शोधकार्य पूरा करने मॉरिशस गया हुआ है। मॉरिशस का नाम याद आते ही मुझे अफगानिस्तान के ट्रेनिंग कैम्प के वे दिन याद आ गए जब हमारे साथ वहाँ मॉरिशस के भी दो व्यक्ति प्रशिक्षण पा रहे थे। मैं यूँ ही हार माननेवाला नहीं था। दोनों परिवारों का पता नोट करके ही रहा। मैंने अपने आपसे कहा।

—मैं उषा को तलाश कर ही रहूँगा। पौड़ी गढ़वाल का तिनका-तिनका छान मारूँगा।

—मिल गई तो क्या करोगे।

—यह आवाज भी मेरी ही थी। मैंने अपनी ही आवाज़ को जवाब दिया।

—उससे माफी माँगूँगा।

—तुम उसकी जगह पर होते तो अपने माँ-बाप के हत्यारे को माफ कर देते ?

—मैं नहीं हूँ उषा के मा-बाप का कातिल...।

—इसलिए कि वह हमला तुमने नहीं किया था। क्योंकि वह बम तुमने खुद नहीं फेंका था ?

—इसलिए कि मैं वहाँ था ही नहीं।

—तुम थे वहाँ अख्तर ! वहाँ न होकर भी तुम वहाँ थे। हमलावरों की बगल में न रहकर भी तुम उनके साथ थे। उनके जेहन में थे। वह बम तुम्हारी उपज था। तुम्हारी महबूबा के माँ-बाप तुम्हारे कारण मारे गए। और जैसा कि बस्ती कि लोगों ने तुम्हें बताया अगर उषा और केतन मन्दिर नहीं गए होते तो आज तुम्हें उन्हें तलाशने की जरूरत ही नहीं पड़ती। तुम कातिल हो अख्तर हत्यारे हो।

—मेरा अपने आपसे तर्क बना रहा। मैं चिल्ला उठा।

—लौट जाओ जहाँ से आए हो। जिसे प्यार किया है उसे मौत की ओर मत ढकेलो...।

मैं आ गई ! मैं आ गई !! की आवाज के साथ शिवानी भीतर आ गई।

मेरी माँ जिसकी समझ में कुछ आया ही नहीं डॉक्टर फूफू से पूछ बैठी कि आखिर उस तरह चहकती हुई शिवानी क्या बोल गई। उसकी माँ ने अनुमान के साथ माँ को बताया कि खिलौना माँग रही है शायद। मेरे मन में आया कि मैं कह दूँ मैं खिलौना थोड़े ही हूँ कि तभी दो चूक-चूक की ध्वनि से मुझे पता चल गया कि माँ ने शिवानी को थामकर उसके दोनों गालों को चूम लिया। और इसके बाद उसने उससे पूछा।

—कैसी हो शिवानी।

माँ की उस औपचारिकता को महत्त्व दिए बिना शिवानी ने मुझसे कहा।

—मेरा नया झगला कैसा लग रहा है तुम्हें। और मेरी यह सफेद टोपी...?

मैं बोल गया।

—तुम तो जानती हो मैं देख नहीं पाता। तुम्हीं बताओ कैसे हैं तुम्हारे झगले और टोपी ? किसने दिए ?

—मेरी दादी ने। मेरी मौसी के लड़के को भी उसने एकदम ऐसे ही कपड़े दिए। तुम्हें बता चुकी हूँ न कि यहाँ की कई बातें समझ में आती ही नहीं। छोटे बच्चे लड़का हो या लड़की एक ही जैसे कपड़े पहनते हैं। बड़े होने पर उनके कपड़े अलग-अलग हो जाते हैं।

—मैं जानता हूँ। माँ के कपड़े जब इस्त्री करके अंजू चाची लाती है तो बोलती है। ब्लाउज और साड़ी ले आई। मेरा बाप जब अपने कपड़े की माँग करता है तो बोलता है कहाँ है मेरी कमीज, कहाँ है मेरा पतलून !

—हम बच्चों का एक जैसा कपड़ा पहनना इन लोगों को बुरा नहीं लगता लेकिन...

शिवानी के चुप हो जाने पर मैंने पूछा।

—लेकिन क्या ?

—अभी उस दिन मेरी माँ अपने लिए एक पतलून और कमीज ले आई थी तो मेरी दादी उस पर बरस पड़ी थी। बोली थी—मर्द बनने का इरादा है क्या ? अगर तुम पतलून और कमीज पहनकर काम पर जाओगी तो अपने पति को अपनी साड़ी और चोली दे देना।

हम बातें कर ही रहे थे कि मेरा चाचा आ गया। एक-दो बातें करके उसने शिवानी से कहा।

—आओ चलो तुम्हारे लिए चॉकलेट खरीद लाते हैं।

फूफू ने आपत्ति की—नहीं उमेश, इसे नर्सरी छोड़ना है। देर हो जाएगी।

—हम बस गए और आए।

मैंने शिवानी को रोकने की कोशिश की पर मेरी बात सुने बिना वह चाचा के साथ चली गई और वे सारी बातें जिनकी जानकारी मैं शिवानी से पाना चाहता था मेरे मन ही में रह गईं। बस फिर तो मैं माँ और फूफू की बातें सुनने लगा। माँ बोली।

—आजकल मैं बात-बात पर डर सी जाती हूँ। लगता है कोई मुझे डराते रहना चाहता है।

—अरे नहीं पगली ऐसी हालत में ऐसा होता है।

—माँजी को कहा तो वह मेरे तकिए के नीचे एक छुरी रख गई। बोली थी कि इसे अपने पास से हटाऊँ नहीं। इसके होते कोई बुरी नजर मेरे बच्चे पर नहीं पड़ सकती।

—यह हम लोगों के बीच एक बहुत पुराना विश्वास चला आ रहा है।

—कुछ पीले सरसों भी मेरे आँचल के छोर में बाँध रखे हैं।

—खैर, छोड़ो इन बातों को यह तो बताओ कि पिछली बारवाला वह दर्द इधर फिर तो नहीं हुआ ?

—हल्का सा दर्द एकाध बार होता रहा है पर इधर दो-तीन दिनों से बहुत ही जोरों का सिर दर्द मुझे सता रहा है।

—तुम उस आदमी की धमकी को बहुत सीरियसली ले रही हो।

—मुझे उस आदमी की धमकी की कोई चिन्ता नहीं। उदय की उदासी मुझे मारे जा रही है। अब लगता है कि शुरू ही में बच्चे के बारे में उदय को न बताकर मैंने बहुत बड़ी गलती की। उदय की जिस भलमानसी के कारण मैं उसे दुखी करना नहीं चाहती थी आज उसकी वही अच्छाई मुझे पीड़ित किए हुए है। अपनी अच्छाई के कारण न तो वह मुझे इस बात को छिपाए रखने के लिए डाँटा या मुझसे प्रश्न कर पा रहा है और न मेरी उस भूल को भुला पा रहा है। मुझे दुखी न करके वह अपने को उदास रखकर मेरी सजा को स्वयं भुगत रहा है। और मैं हूँ कि उससे माफी माँगने की हिम्मत नहीं कर पा रही।

—माफी माँगकर अपने को गुनाहगार साबित कर जाओगी जो कि तुम नहीं हो। अच्छा माँ का रुख क्या है ?

—वह भी दुखी लगती है।

—कि उससे भी तुमने बात छिपा कर रखी ?

—शायद इस बात से वे नाराज हैं कि मैं उस बच्चे की मृत्यु का कारण रही हूँ।

—तुम उस बच्चे की मौत का कारण बिल्कुल नहीं हो। देखो आज अस्पताल से सीधे मैं यहीं पहुँची हूँ। इस समय उदय भी दफ्तर से लौट आएगा। तुम मेरे ऊपर छोड़ो मैं सभी कुछ सँभाल लूँगी।

—नहीं सँभाल पाओगी डॉक्टर साहिबा नहीं सँभाल पाओगी।

यह विनाशन की आवाज थी जिसे मेरी माँ और फूफू सुन नहीं पाईं। माँ को कहते सुना।

—जिस व्यक्ति ने मुझ जैसी एक अधमरी अभावग्रस्त औरत को नया और सुखद जीवन दिया आज वह मेरी वजह से इस कदर दुखी है। जो पहले ही से अपना प्रमोशन चुरा लिए जाने पर सरकार और राजनीति से आहत था आज उसकी उस हताशा को मिटा जाने के बदले मैं उसे और भी यातना दे रही हूँ। कितनी मनहूस हूँ मैं।

लगा कि मेरी फूफू ने मेरी माँ के कन्धों को थामकर हौले से झकझोर दिया हो।

—यह क्या बचपना कर उठी।

मैं चिल्ला उठा।

—ऐ विनाशन ! कब तक मेरी माँ को इस तरह सताओगे ?

—जब तक तुम दोनों में से एक की कुर्बानी न ले लूँ।

—तुम मेरी माँ का कुछ नहीं बिगाड़ सकते।

—यह तो तुम्हारे ऊपर निर्भर है। मेरी बात मान लो उसकी जान बचा लो।

इन दो वाक्यों की प्रतिध्वनि मेरे कानों में होती रही।

28

परसों भी मैंने घर के लोगों से यही सुना था।

कल भी माँ ने चाची को बताया था कि वह भी इसी खयाल की थी कि आज और कल।

आज मेरे बाप की बेसब्री को देख मेरी माँ ने उसे इन्हीं शब्दों से आश्वासित करते हुए कहा था।

हमारे हिसाब से भी तो आज और कल का ही सवाल है।

माँ की बात सच निकली। सुबह जब माँ ने मेरे अधीर बाप से यह आज और कल की बात की थी तो मेरे पापा ने झट अपने हाथ के ऑफिस बैग और कार की चाभी को मेज पर रख दिया था। ऑफिस से लौटने पर ठीक इसी तरह वह अपने बैग और चाभी को मेज पर गिर जाने देता था। आज पहली बार सुबह के वक्त ऑफिस जाने से पहले मुझे इन दो वस्तुओं के मेज पर गिरने की वही जानी-पहचानी ध्वनि सुनने को मिली और उसके साथ पापा की आवाज।

—मुझे भी इसका पूर्वप्रबोध-सा हो रहा था।

मैं सोच उठा यह पूर्वप्रबोध क्या चीज है। जब मेरे बाप ने अगला वाक्य कहा तो भी मैं सोचता ही रहा। आगे पापा का कहना था।

—आज मैं दफ्तर नहीं जाऊँगा प्रिया।

मुझे लगा कि कहीं मेरे बाप की तबीयत खराब तो नहीं हो चली पर तभी माँ ने मेरी इस आशंका को इन बातों से मिटा दिया।

—इस सप्ताह वैभवी यहीं की डिस्पेंसरी में काम कर रही है। अगर मेरी तबीयत खराब हुई तो मैं उसे फोन पर बुला लूँगी और उसी के साथ अस्पताल चली जाऊँगी।

—मेरा भी तो तुम्हारे साथ होना जरूरी है।

—आपके मोबाइल पर फोन करके आपको भी बुला लेंगे। अभी के लिए आप दफ्तर जाइए। कहते हैं सबसे पहले काम।

—यही करके तो अपना अधिकार खोता रहा। मजे करनेवाले प्रोमोट होते गए मैं वहीं का वहीं रहा। अरे मैं भी वही पुरानी बातों के पीछे पड़ गया। ठीक है तो मैं दफ्तर जा रहा हूँ। थोड़ा भी कुछ इधर-उधर हुआ तो मुझे फोन पर सूचित करना मत भूलना। याद रहे मेरी असली प्रोमोशन तुम्हारे साथ है तुम भी सरकार की तरह मेरा यह अधिकार जब्त न कर लेना।

दूसरी बार के लिए मैंने पापा को माँ का माथा चूमते सुना।

मेरा बाप अभी चौखट लाँघ भी नहीं पाया होगा कि मेरा चाचा उसी हमेशावाली जल्दी के साथ भीतर आ गया।

—भाभी ! ओ भाभी !!

—पहली बार ही में मैं सुन चुकी हूँ।

—तो आगे भी सुनो। यह आज और कल, आज और कलवाली बात आज समाप्त हो जानी चाहिए। कल से मैं सप्ताह-भर की छुट्टी ले रहा हूँ अपने भतीजे के लिए।

—भतीजे को आ तो लेने दो।

—इस बार मैं कह रहा हूँ कि आज रात नहीं तो कल सुबह। कल से इस घर में मैं एक खास नर्स की व्यवस्था कर रहा हूँ।

—मुझे तो पहले तीन-चार दिन अस्पताल की माटरनिटी वॉर्ड में रहना पड़ेगा। तो फिर इस बीच यह विशेष परिचारिका भतीजे की जगह चाचा की सेवा में रहेगी क्या ?

पर उस स्वर-लहरी से तो मैंने यही सुना था कि मेरा जन्म घर में होगा न कि अस्पताल में।

—नौबत ही नहीं आएगी।

यह अंजू चाची का स्वर था।

—क्या तुम नर्स को भगा दोगी ?

—मैं नहीं, हमारा मुन्ना।

—मेरी नानी सही कहती थी। पेड़ पर कटहल होंठों पर तेल।

—भाभी तुम्हारी नानी के जमाने में तो पहले शादी फिर मुँहदिखाई होती थी अब तो...

—चलो भागो दफ्तर के लिए देर हो रही है।

रविवार होने के कारण पापा और चाचा दोनों घर पर थे। दादी अभी तक मन्दिर से नहीं लौटी थी। पहले तो चाचा मेरी माँ को यह आश्वासन देता रहा कि वह अपने वकील मित्रों से बात कर चुका था। पेरिस से प्राप्त जानकारियों को देखने-परखने के बाद उसके मित्रों ने उससे कहा था कि भूपेन सुहावन नाम का आदमी हमारे परिवार के खिलाफ कोई कानूनी कार्य कर ही नहीं सकता। आगे बोला था।

—पहला कारण तो यह है कि पेरिस में हुई उसकी शादी के मैरिज सर्टिफिकेट की फोटो कॉपी मैं हासिल कर चुका हूँ। मॉरिशस में अपनी शादी की बात उठाकर वह खुद बीगामी के जुर्म में फँस जाएगा। दूसरा कारण बच्चे की हत्या का आरोप बेबुनियाद प्रमाणित होकर रहेगा।

मेरे बाप ने मेरे चाचा को रोकते हुए कहा था कि बेकार की बातों को छोड़कर मतलब की बातें करें। तब जाकर मेरे ऊपर बातें शुरू हुई और चलती रही थीं। पहले मेरे नाम को लेकर एक छोटी बहस चलती रही और अन्त में मेरी चाची और चाचा भी मान गए थे कि मेरा पुकारने का नाम आनन्द ही रखा जाए और जन्मपत्री में प्रेम।

मैं सुनता रहा था और बीच-बीच में अनसुनी टिप्पणियाँ भी करता रहा था। सोचा विश्वप्रणेता की बात सही निकली। दादी के आ जाने पर कुछ देर के लिए बातें मुझसे हटकर दादी को मन्दिर में मिल गए कुछ रिश्तेदारों पर होती रही थीं और अब फिर से

मुझे ही चर्चा का विषय बनाया गया। दादी माँ को अपनी माँ से सीखी बच्चे के पालन-पोषण की सीखें देती रही। और जब हिदायतें और नसीहतें बन्द हुईं तो बात मेरी पढ़ाई-लिखाई पर आ गई। इस विषय का श्री गणेश भी दादी से ही हुआ।

—मैं अपने पोते को यहाँ के सबसे अच्छे स्कूल में भेजूँगी।

मेरे बाप ने दादी से पूछा।

—पर माँ तुम्हें मालूम है कि सबसे अच्छी प्री-प्राइमरी के लिए कितना पैसा देना पड़ता है ?

—इस घर में पैसे की कमी है क्या ?

—इतने भी तो नहीं हैं कि खिड़की से फेंकते रहें। शिक्षा के नाम पर तो यहाँ दिन-दहाड़े डकैती होती है। अच्छे समझे जानेवाले स्कूलों में तो पाँच से छः हजार रुपए महीना देने पड़ते हैं।

फिर दादी ही बोली।

—तो क्या हर्ज है ?

मेरी चाची ने बात को कुछ और आगे बढ़ा दिया।

--अपने मुन्ने को हम पढ़ने के लिए इंग्लैंड भेजेंगे।

दादी पूछ बैठी।

—भारत क्यों नहीं ?

—मेरे चाचा ने जवाब दिया।

—क्योंकि भारत में सीखी वकालत की शिक्षा यहाँ काम नहीं आएगी।

—हम उसे डॉक्टर बनाएँगे।

—परिवार में पहले से डॉक्टर है।

मेरी माँ ने सभी को चुप कराते हुए कहा।

—मैं मुन्ने से पूछकर तो देखूँ कि वह स्वयं क्या बनना चाहता है। मुन्ने तुम बताओ कि बड़े होकर तुम क्या बनोगे ? सुनो ! सुनो ! बोल रहा है हवाई जहाज का पायलट बनेगा।

चाची ने माँ की बात पर आपत्ति करते हुए कहा।

—मुझसे तो बोल रहा है कि डॉक्टर ही बनेगा।

—हाँ-हाँ, मैंने भी यही सुना।

—तो फिर हम सभी मान लेते हैं। मुन्ने को डॉक्टर बनाएँगे।

—बनाएँगे-बनाएँगे लड्डू बनाना है क्या ? कहो डॉक्टर बनेगा।

सभी चाची के साथ बोल पड़े।

—मुन्ना हमारा डॉक्टर बनेगा।

कुहासे से निकलकर धीरे-धीरे साफ होती पहाड़ी। पहाड़ी के नीचे से ऊपर तक वे तमाम घर और उन घरों के बीच जहाँ-तहाँ चीड़ और देवदारु के पेड़। चहुँ ओर बर्फ की सफेद झालर। सफेदी के बीच से जहाँ-तहाँ से झाँकती हरियाली और मालता के नारंगीनुमा फलों से लदे पेड़ नीचे से ऊपर तक नारंगी रंग में थे।

कटी हुई पहाड़ी के सोपानों से चढ़ता हुआ मैं उस घर के सामने पहुँच आया था जिसका संकेत कम्बल ओढ़े बुढ़िया ने मुझे दिया था। सामने दो चक्करदार सीढ़ियाँ और चढ़नी थीं। चूँकि मिट्टी काटकर बनाई गई सीढ़ियाँ थीं वे इसलिए दूसरी ही सीढ़ी पर मेरे पाँव फिसले पर मैंने अपने को सँभाल लिया। तीन लड़के पीछे से दौड़ते हुए आकर आगे को निकल गए। फिसलने के भय से मुक्त उनकी आपसी शरारतें और हँसी बनी रहीं।

ऊपर से नीचे आती हुई दो लड़कियाँ पहाड़ी आँखों और गुलाबी चेहरों के साथ मेरे सामने आकर ठिठक गईं। ठिठकी रहीं ताकि सीढ़ियों से थोड़ा हटकर मैं उनके लिए रास्ता छोड़ पाऊँ। मेरे हटते ही वे जिस तेजी से आई थीं उसी तेजी से नीचे उतर जातीं पर मैं हटा नहीं। जो बड़ी थी वह झुँझला उठी। मैंने मुस्कुराने की कोशिश की और पूछा।

—यही सामनेवाला घर बहुगुणाजी का है न ?

दोनों ने एक साथ हामी भरी और मैंने थोड़ा सा हटकर उन्हें उतरने दिया। सामने के घर को गौर से देखा और बाकी सीढ़ियाँ चढ़ना शुरू किया। घर के भीतर ही से किसी ने मुझे देख लिया था। इसलिए अभी मैं कई सोपान नीचे ही था कि खिड़की से जोरदार आवाज आई।

—तुम जिसे तलाश रहे हो वह यहाँ नहीं है।

मैंने रुककर उस ओर देखा। साठ-सत्तर की उम्र का एक आदमी अपनी ऐनक के ऊपरी भाग से मेरी ओर देखते हुए कहा।

—ऊपर मत जाओ।

अपनी आवाज को अधिक ऊँचा न करके मैंने उतने ही जोर से कहा ताकि वह मुझे सुन पाए।

—आपको कैसे मालूम मैं किसे तलाश रहा हूँ ?

—मुझे भली-भाँति मालूम है।

—इसका मतलब है कि उषा ने मुझे घर के भीतर से देख लिया।

—यहाँ कोई उषा नहीं रहती।

—रहती नहीं रहने आई है।

—तुम जाते हो या मैं...

—मैं उषा से मिलने आया हूँ उससे मिलकर ही नीचे उतरूँगा।

मेरी यह बात सुनकर वह आदमी पीछे को हटा और उसकी जगह केतन आ गया।

उस पर नजर पड़ते ही मैं ने कहा।

—केतन ! मैं तुम्हारी बहन से मिलना चाहता हूँ।

—मेरी बहन ने तुम्हें नीचे पुल के पास ही देख लिया था।

—तब तो यहीं होगी ?

—नहीं, अब वह यहाँ नहीं है।

—यह क्या बात हुई। नीचे से ऊपर आने में मुझे पन्द्रह-बीस मिनट लगे होंगे।

—उसे यहाँ से निकले दस मिनट हुए होंगे।

—तुम झूठ बोल रहे हो।

—मैं झूठ नहीं बोल रहा। वह यहाँ से चली गई।

—क्यों ?

—ताकि मेरे मौसा के घर पर तुम बमबारी न करो।

—कहाँ गई ?

—पता नहीं।

—अगर उषा मुझे यहाँ नहीं मिली तो मैं उस घर को उड़ा दूँगा।

—वह यहाँ नहीं है।

—नहीं है तो गई कहाँ ?

—मैं केवल इतना जानता हूँ कि वह यहाँ नहीं है।

इधर कुछ दिनों से मैं अपने हाथ-पाँवों में कुछ अधिक सक्रियता पाने लगा था। मेरे भीतर प्रतिक्रिया भी पहले से दोगुनी तेजी के साथ होने लगी थी मेरे कान भी पहले से अधिक सतर्क रहने लगे थे। वह मेरा सिर था जो कुछ अधिक बोझिल लगने लगा था। घर के लोगों की बातों से तो यह मालूम था कि मेरे जनमने में अब बहुत अधिक दिन बाकी नहीं थे। अब अपने शरीर के वजन के अनुमान से मैं भी समझ चुका था कि अब बहुत जल्द मेरा जन्म होकर रहेगा। इस विश्वास के बावजूद मन में आशंका बनी हुई थी और मैं अपने में जनमने या न जनमने की दुविधा को पालते आ रहा था।

पिछली बार विनाशन यह कह गया था कि या तो बेटा, या तो माँ। जिस लहजे में उसने यह बात कही थी मैं डर से काँप गया था। मेरे कम्पन से मेरी माँ भी काँप उठी थी। गनीमत थी कि वह मेरी आशंका और दुविधा से अवगत नहीं थी वरना...खैर ! मैंने इससे आगे सोचना नहीं चाहा।

कई दिन हो गए थे वह स्वरलहरी भी सुनने को नहीं मिली थी जो इस आश्वासन को दोहरा जाए कि—आनन्द तुम चिन्ता मत करो, न तो तुम्हारा बाल कोई बाँका कर पाएगा और न तुम्हारी माँका।

लग रहा था विनाशन का पौ भारी था।

वह कामयाब था।

तभी तो वह आदमी हमारे घर आने का साहस कर बैठा। घरवालों को धमकी दे गया। उसकी वह धमकी खाली नहीं गई थी। अपने माँ-बाप की लम्बी चुप्पी से मैं तो यही समझ सका था कि वे उस धमकी से सहम गए थे। मेरे माँ-बाप का आपस में खुलकर बातें न करना मुझे भारी कष्ट पहुँचा रहा था। घरवालों का मुझे न सुन पाने का इतना दुःख इससे पहले नहीं हुआ था। माँ से बार-बार यही कहता रहा कि वह मेरे बाप को मना ले पर वह सुन पाती तब तो।

माँ की इस भूल से मैं भी दुखी था कि उसने पापा को शुरू ही में यह नहीं बताया कि उसने एक बच्चे को जन्म दिया था। मेरे बाप को इतना चाहकर उसकी इतनी इज्जत करके भी उसने इस सत्य को उससे क्यों छिपाए रखा ? मैंने अपनी माँ को जब भी परिवार के लोगों, रिश्तेदारों और पड़ोसियों से अपने बाप के बारे में बातें करते सुना तो इन्हीं वाक्यों में—कभी सपने में भी नहीं सोचा था कि इतने नेक, इतने प्यारे आदमी की पत्नी बनने का सौभाग्य मिलेगा मुझे !—लोग तो देवताओं की बात करते हैं मैंने तो देवता को देखा है, उसे पाया है।—अंजू ! उमेश हजारों में एक है और तुम्हारा बहनोई या भंसूर ही कहूँ लाखों में एक है।

अगर यही सच है तो मेरी माँ मेरे बाप को मना क्यों नहीं लेती ? विश्वप्रणेता ! कम-से-कम तुम तो ऐसा करवा सकते थे।

वही संगीत ! वही स्वरलहरी ! लगा कि वह मुझे ही सुन रहा था। बोला।

—निर्धारित है।

—मैं समझा नहीं।

—निर्धारित बातें निर्धारित समय पर ही होती हैं।

—पर कब ?

—जब होगी तुम जान जाओगे। तुम्हारा जन्म न तो उदासी के बीच होगा, न चिन्ता के बीच और न ही तुम्हारे माँ-बाप की इस तरह की मौन-मुद्रा के बीच। अब तो मुस्कुरा दो।

—तुम भी सामने आकर क्यों नहीं मुस्कुराते ?

—धरती पर पहली मुस्कान तो मेरी ही देखोगे। और जब तक तीन शब्दों का एक पूरा वाक्य नहीं बोल पाओगे मुझे देखते और मुझसे मुस्कुराते ही रहोगे।

बस्ती के बाद हरियाली वादियों को पार करता हुआ मैं सीढ़ीदार खेतों के बीच की एक पगडंडी पर आ गया था। पीछे की ऊबड़-खाबड़ ढलान की जगह अब जमीन समतल थी। हिमाच्छादित उत्तुंग पर्वतमाला पीछे छूट चुकी थी। हरी घास से ढँपी पगडंडी मिलने से पहले एक खेतिहर से मुझे यह संकेत मिला था कि कुछ ही मिनट पहले उसने एक लड़की को दौड़ते हुए आगे निकलते देखा था। इससे आगे जानने की जरूरत मैंने नहीं समझी क्योंकि वह लड़की उषा के अलावा कोई और नहीं हो सकती।

मोड़ पार करते ही सामने की सीधी पगडंडी पर मैंने एक लड़की की झलक पाई। मैं दौड़ पड़ा। उषा ने मुड़कर मेरी ओर देखा और अधिक तेजी के साथ दौड़ने लगी।

मैं पुकार उठा।

—रुक जाओ उषा।

हम दोनों जिस फासले पर थे उसके कारण शायद ही मेरी आवाज उस तक पहुँच पाती। मैं तेजी के साथ दौड़ता रहा और रह-रहकर उससे रुकने की माँग भी करता रहा। खेतों के कामगर अपने-अपने कामों को रोककर मुझे देखने लगे थे। उषा सामने की खाड़ी के करीब पहुँचने लगी थी। मैं और भी जोर से चिल्ला उठा।

—उषा ! रुक जाओ।

वह दौड़ती रही।

मैं भी दौड़ता रहा।

हम दोनों के बीच का फासला क्रमशः कम होने लगा था। उषा और खाड़ी के बीच का फासला भी तेजी से कम होता दीख रहा था। मैं पूरी ताकत लगाकर दौड़ने लगा। मैंने उषा को चोट खाकर गिरते देखा। उसके उस गिरने को मैंने अपने हित में पाया। अवसर का फायदा उठाकर उसके करीब पहुँचने लगा। कोई बीस मिनट के फासले पर रहकर मैंने पाया कि उषा खाड़ी के एकदम पास लुढ़की हुई थी। मैं चिल्लाया।

—तुम जहाँ हो वहीं रहो।

मैंने उसे उठने की कोशिश करते हुए पाया। और भी जोर से उसे हिदायत दी।

—जरा भी असावधानी से कदम गलत पड़ सकते हैं। तुम जहाँ हो वहीं रहो मैं पहुँच रहा हूँ।

पर इस बीच उषा अपने कदमों पर खड़ी हो गई और भचककर आगे को झपट गई। जब मुझे लगा कि वह खाड़ी में कूदने ही वाली थी तो मैंने बड़ी अजीजी के साथ उससे कहा।

—उषा ! मैं तुम्हारा गुनाहगार हूँ पर...पर तुमसे प्यार करता हूँ। मुझे माफ कर दो उषा...मैं वायदा करता हूँ...उषा रुक जाओ...

वह खाड़ी से चन्द कदमों पर थी। जब मुझे यह खयाल आया कि अब उसको खाड़ी में कूदने से रोक पाना असम्भव है तो मैंने अपने पाँव के मोजे के भीतर से अपना पिस्तौल बाहर निकाला। उषा के पाँवों को निशाना बनाकर मैंने ट्रीगर दबा दी पर इससे पहले उषा दोबारा लुढ़क पड़ी...और...और गोली उसके पाँव के बदले उसकी पीठ पर जा लगी। चिल्लाता हुआ मैं उस तक पहुँचा। खून से लथपथ उषा को अपनी बाँहों में उठाया। गोली पीठ के रास्ते सीधे उसके जिगर में लगी थी।

—उषा ! उषा !! आँखें खोलो...उषा !

मैंने उसको झकझोरना शुरू किया।

—उषा ! तुम मुझे छोड़ नहीं सकती...उषा !

पर उषा मुझे छोड़ चुकी थी।

पीछे से लोगों की आवाजें सुनने को मिलीं। उन आवाजों के बीच मैंने अपनी आवाज सुनी।

—पर मैं तुम्हें नहीं छोड़ सकता उषा।

और बिजली की तेजी से मेरे दूसरे पाँव के मोजे के भीतर से खंजर मेरी दाईं मुट्ठी में आ चुकी थी।

30

उसकी अगवानी करनेवाले संगीत के साथ ही मैंने स्वरलहरीवाले से पूछा।

—तुम आ गए जग के मालिक ?

—हाँ, अच्छा तो तुम्हें मेरे विश्वप्रणेता होने का अहसास हो गया !

मुझे यह शब्द बहुत अच्छा लगा इसलिए आज जैसे ही उसकी अगवानी करनेवाला संगीत धूमिल पड़ा मैं उससे झट पूछ उठा।

—आज क्या दिखाने ले चलोगे ? पर कहीं ले जाने से पहले मेरे मन में पैदा हो आए इस प्रश्न का उत्तर तो दे दो। तुमने कहा था कि मेरे जनम जाने पर मुझे अपने पिछले जीवन की कोई भी बात याद नहीं रहेगी। तुमने यह भी कहा था कि कुछ लोगों को यदाकदा अपने पूर्वजन्म की कुछ बातें कुछ समय तक याद रहती हैं। वह कैसे ?

—तुम टेप रेकॉर्डर से आनेवाला संगीत तो सुनते हो चाहे उसे देख नहीं पाते। टेप रेकॉर्डर पर दूसरा गाना रेकॉर्ड कर जाने पर पहले से रेकॉर्ड गाना स्वाभाविक रूप से मिट जाता है और उसकी जगह नया गाना उस पर आ जाता है। पर कभी ऐसा भी होकर रहता है कि दूसरी रेकॉर्डिंग के बावजूद पहली रेकॉर्डिंग के कुछ हिस्से मिट नहीं पाते। उसकी छाप रह जाती है। ठीक इसी तरह मानव के मस्तिष्क में भी कभी पहले जन्म की यादें अगले जन्म में रह जाती हैं। पर तुम्हें अपने जनमने के बाद तुम्हारे पूर्वजन्म की कोई धुँधली याद भी बाकी नहीं रहेगी। वह तो अभी भी तुमसे हटते ही मैं तुम्हें सुनाए-दिखाए तुम्हारे पूर्वजन्म के अंशों को अपने साथ लौटा ले जाता हूँ। तुम कोरा कागज होगे। जन्म-मरण के बीच कभी एक और घटना कुछ विशेष लोगों के साथ घट कर रहती है।

—कैसी घटना ?

—कुछ लोगों को अपने वर्तमान जीवन में अपने अगले जीवन की कुछ झलकियाँ दिखाई पड़ जाती हैं पर ऐसा बहुत कम और कुछ खास लोगों के साथ ही होता है।

—तो आज मुझे अतीत को न ले जाकर भविष्य की ओर क्यों नहीं ले चलते ?

—अभी नहीं।

—अभी क्यों नहीं ?

—अभी उसका समय नहीं हुआ है।

—जनमने के बाद ?

—नहीं, तुम्हारे जनमने से पहले तुम्हारे अगले जीवन की दो झलकियाँ तुम्हें अवश्य

देख पाने की शक्ति प्रदान करूँगा।

—एक बात और पूछनी है।

—जल्दी करो नहीं तो अतीत की अगली झलकी देखने का समय बीत जाएगा।

—तुम समय के इतने पाबन्द क्यों रहते हो ?

—क्योंकि मैं स्वयं समय हूँ। थोड़ा बहुत वक्त का फेर होता है तो नक्षत्रों के बीच टकराहट पैदा होकर रहती है। क्या पूछना है ?

—जब तुम्हीं जगप्रणेता हो तो फिर अपने को विनाशन बतानेवाला इतना ताकतवर होने का दावा क्यों करती हो ?

—सन्तुलन के लिए उसका होना जरूरी है।

—इसका क्या मतलब हुआ ?

—इसका अर्थ यह हुआ कि इंसान अपने रास्ते की अड़चनों, दुःखों, दर्दों और गुमराही के बीच से ऊपर उठे और अपनी तलाश की हुई राह को अपने और औरों के लिए तराश कर विश्वबन्धुत्व का रास्ता बना सके। छोटे देश से बड़ा काम। विश्वबन्धुत्व तो वह शब्द है जो विश्व-भर में बोला अधिक जाता है पर होता कम है।

—विश्वबन्धुत्व ?

—हाँ, जो कि तुम्हारे अगले जीवन का सबसे बड़ा उद्देश्य है।

विनाशन ने जैसे कि मुझे झकझोर कर जगा दिया। उसकी वह बातें जो मैं ठीक से सुन नहीं पाया था उसे दोहराते हुए उसने कहा।

—ये सामने के दो दिन तुम्हारी माँ के लिए बहुत ही खतरनाक दिन होंगे। उसकी जान तुम्हारे हाथों में है। तुम्हारे चाहने से वह जिन्दा रह सकती है। तुम्हारे चाहने से तुम्हें जन्म देते ही यह दुनिया छोड़ देगी। मैं जानता हूँ कि अपनी माँ को बिन देखे ही तुम उससे बेहद प्यार करने लगे हो। प्यार ! दुनिया का सबसे बड़ा बकवास। वक्त बहुत कम रह गया है इसलिए मेरी बात मानकर बस मुझे सिर्फ यह कह दो कि तुम जन्म लेना नहीं चाहते फिर बाकी मेरे ऊपर छोड़ दो।

—तुम नाहक मेरे और मेरे परिवार के पीछे पड़े हुए हो।

—तुम और तुम्हारी माँ में से एक को तो...

—तुम मेरी माँ को मुझसे नहीं छीन सकते। वह मेरे जीवन का हिस्सा है और मैं उसके जीवन का हिस्सा हूँ।

—भावना में मत बहो। मैं दोनों को जिन्दा नहीं छोड़ सकता।

—तुम हममें से किसी को एक-दूसरे से जुदा नहीं कर सकते।

—मुझे चुनौती मत दो।

—तुम मेरा कुछ नहीं बिगाड़ सकते।

—कहा न मुझे चुनौती मत दो।

—तुम कमजोरों की कमजोरी का लाभ उठाते हो। मुझे कमजोर मत समझो।

—चुनौती दे रहे हो मुझे। तुम मेरी ताकत को नहीं जानते। मेरी ताकत इस समय दुनिया के इस छोर से उस छोर तक बेशुमार जर्रों में धूम मचाए हुए है। दुनिया-भर के सारे अखबारों, रेडियो, टेलीविजनों और इंटरनेटों में जितने चर्चे मेरे लोगों की गतिविधियों के हो रहे हैं उसका एक प्रतिशत भी इंसानियत, मोहब्बत या अच्छाइयाँ जैसी बकवासों के नहीं हो रहे। तुम्हारे अपने ही देश के सारे अखबारों के पहले पन्नों के सुर्खियाँ मेरी बात की गवाही दे रही हैं। आज के अखबार में उस मन्त्री की रंगीन तस्वीर छपी है जो बच्चों को अपनी हवस का शिकार करता रहा है। उस मजहबी की तस्वीर है जिस पर तीन हत्याओं का आरोप है। बैंक लूटनेवाले की तस्वीर, ड्रग का धन्धा करनेवाले की फोटो और मन्दिर के पैसों का गबन कर जानेवाले का चित्र आज सुबह के स्थानीय अखबारों की खासियत है। नोबेल प्राइज़ जीतनेवालों की तस्वीरें अब भीतर के पन्नों में कभी आती हैं और कभी सिर्फ सात लाइनों की सूचना तक ही रह जाती है उतनी बड़ी खबर। आज दुनिया-भर में अपराध सबसे अधिक बिकनेवाली खबर है।

मुझे पूछना ही पड़ा।

—यह नोबेल प्राइज क्या होता है ?

—देखा न तुम्हें खुद नहीं मालूम।

—तुम नाहक ही मुझे ये सारी बातें बता रहे हो। मैं तुम्हारी किसी भी बात से प्रभावित होने से रहा।

—मैं तुम्हारे घर में कलह पैदा करके तुम्हारे बाप और तुम्हारे चाचा के बीच दरार पैदा कर सकता हूँ। जमीन-जायदाद का झगड़ा शुरू कर सकता हूँ।

—कल मैंने अपनी दादी को कहते सुना था कि गरजनेवाला बरसता नहीं। तुम गरजते रह जाओगे और मैं आज और कल में जन्म ले लूँगा।

—ऐसा हुआ तो कल और परसों तुम्हारी माँ मरकर रहेगी।

—अगर तुम्हारे बोलने से मेरी माँ को कुछ हो सकता था तो तीस-चालीस दिन पहले ऐसा होकर रहता तुम्हारे बोलने से कुछ नहीं होने का। तुम्हारे इस तरह गिड़गिड़ाने और धमकाने से कुछ हो सकता तो फिर बार-बार तुम मेरी मदद क्यों माँगते। तुम्हें अब वक्त का डर लगने लगा है। तुम जानते हो कि मेरे जनमते ही तुम्हारी आवाज का मुझ तक पहुँचना असम्भव हो जाएगा इसलिए तुम अब धमकियों के साथ गिड़गिड़ाने भी लगे हो। जिस आदमी पर अपना जादू-टोना चलाकर तुमने उसे इस घर को तबाह करने को भेजा था वह मुँह का बल खाकर यहाँ से गया। इस घर पर मेरे दादा जैसे इंसान का पहरा रहता है।

मेरे बाप के भीतर आने का पता चल गया मुझे। और उसे भी फिर तो गूँगा बन गया वह।

31

संगीत से उसकी आकृति का आभास पाकर उससे पहले मैं बोल उठा।

—आज मैं किसी भी हालत में अपने पिछले जन्म को लौटना नहीं चाहूँगा।

—मैं भी आज अतीत के बदले तुम्हें तुम्हारे अगले जीवन की एक झाँकी दिखाने जा रहा हूँ। आज से पच्चीस साल बाद बीतनेवाली एक घटना।

और उसी हमेशा की तरह पहले कुहासा फटा फिर किरणों की आँखमिचौली के बीच मैंने अपने को काली चट्टानों पर खड़े पाया। सामने दहाड़ता हुआ समुन्दर था। प्रलयंकर लहरें नीले ज्वारभाटे से दूधिया फेन लिये आसमान को छूने की बुलन्दी के साथ उठकर फिर चट्टानों से टकराकर तितर-बितर हो गईं। उस उफन रहे समन्दर का नाद अपने में सामने की काली चट्टानों को निगल जाने या तो चकनाचूर कर जाने का संकल्प लिये हुए था। मैं देखता रहा आँधी-तूफान का उछाह लिए हर ज्वारभाटे विद्रोह के साथ उठते और जब खुद चकनाचूर हो जाते तो कोमल दूधिया चादर-सा बिछ जाते।

—मैं लहरों के उस उछलते उछाह को देख रहा था कि बगल से एक साथ तीन-चार लोगों के चिल्लाने की आवाजें सुनी।

—अमित रुक जाओ।

—आगे मत बढ़ो अमित।

—रुक जाओ, आगे खाई है।

मैंने बगल की ओर देखा। मुझसे कुछ ही दूरी पर ढाई-तीन साल का एक लड़का आइसक्रीम खाता हुआ सामने की खाई की ओर बढ़ रहा था।

—अमित आगे मत बढ़ो।

यह आवाज लड़के के पीछे दौड़ रही एक युवती की थी जो लड़के से दस-पन्द्रह कदम की दूरी पर थी। मैं जहाँ खड़ा था वहाँ से वह लड़का तीन-चार कदमों पर था। मैं अपने स्थान से उसकी ओर झपटा। आइसक्रीम खाता हुआ वह लड़का अपने पाँवों के नीचे न देखकर सामने के उफनते ज्वारभाटों को देख रहा था। मैंने उसके एक पाँव को चट्टान से छूटकर खालीपन में जाते देखा। मुझमें गोल-कीपर की फुर्ती आते सेकेंड भी नहीं लगा और मैं बच्चे पर उछल पड़ा। उसका दूसरा पाँव चट्टान को छोड़ पाता कि इससे पहले उसकी कमर मेरे दोनों हाथों की पकड़ में आ गई और बच्चे को फुटबॉल की गेंद की तरह अपनी बाँहों में जकड़े मैंने दाईं ओर की हरी घास पर अपने को फेंक दिया।

दूसरी लम्बी साँस अभी ले ही ले पाया था कि पहले वह लड़की मेरे पास आकर बच्चे को मेरी बाँहों से लेकर अपनी बाँहों में बाँध लिया। इसके बाद ही बाकी लोग हम तक पहुँच पाए और कुछ ही देर में हम भीड़ से घिर गए।

फिर तो मेरे सामने कुहासा छा गया। मैं चिल्ला उठा।

—विश्वप्रणेता !

—मैं यहीं हूँ।

—आगे भी तो देखने दो।

—मैंने तुम्हें दो झलकियों का वायदा दिया है।

—पर तुमने एक ही दिखाई।

—दूसरी झलकी वक्त आने पर।

—कौन था वह बच्चा ?

—अमीना का छोटा भाई।

—और अमीना ?

—नहीं पहचाना ? खैर अगली बार। मैंने तुम्हें जो दृश्य दिखाया उसे वापस ले रहा हूँ। तुम्हारे पास उसकी धूमिल से धूमिल याद भी नहीं रह पाएगी।

—पर हाँ जब तुम्हें इसका अगला भाग दिखाने आऊँगा तो उस समय इस घटना का बोध मेरी उपस्थिति तक तुम्हें अवश्य होगा। इतना जान लो कि तुम इंग्लैंड से डॉक्टरी सीखकर अपनी जन्मभूमि मॉरिशस लौटे पाँचवें दिन का दृश्य देख रहे थे।

माँ के उस चीत्कार की दो अलग अनुभूति मुझे हुई। उसके चीत्कार से जहाँ मैं दहल उठा था वहीं उस चीत्कार का माँ के द्वारा खामोश आत्मसात् से मैं झनझना उठा। पड़ोस की भी कुछ महिलाएँ हमारे घर आ गई थीं। उस आपाधापी और आवाजों की एक-दूसरे से टकराहट मेरे हौसले को जैसे कि ठप कर गई। सबसे अधिक मुझे अपने बाप की बातें सुनाई पड़ रही थीं और दादी बार-बार उसे स्टडी में चाचा के पास जाकर बैठने की हिदायत दे रही थी।

अपने बाप की उस परेशानी से मुझे ऐसा लगा कि उसे वह पीड़ा माँ से ज्यादा हो रही थी। अपनी दर्द-भरी आवाज में उसने चौथी बार मेरी चाची से यह पूछा कि डॉक्टर वैभवी पहुँचने में देर क्यों कर रही है ! चौथी बार के लिए मैंने अपनी चाची को कहते सुना कि वह चन्द मिनटों में पहुँच रही है। इस चौथी बार के जवाब में मेरे बाप ने कहा।

—अंजू ! तुम प्रिया के फेमिली डॉक्टर को भी फोन करके उसे तुरन्त आने को कहो।

—मैं फोन कर चुकी। वह इस समय क्लीनिक में एक सीजारियन प्रसव आटेंड कर रहे हैं। वहाँ से छूटते ही सीधे यहाँ पहुँचेंगे।

मेरे बाप ने इस बार मेरी दादी से पूछा।

—माँ ऐसी हालत के लिए जो सारी जरूरतें होती हैं वे कर ली गई हैं ?

—उदय ! तुम हमें स्थिति सँभालने को छोड़कर चलो उधर दूसरे कमरे में बैठो।

—पर माँ प्रिया को बहुत दर्द हो रहा है...।

—मुझे तो लगता है कि जो दर्द प्रिया को हो रहा है उससे चार गुना दर्द तुम्हें हो रहा है। दादी ने चाचा को आवाज देकर कहा कि वह पापा को यहाँ से अपने पास ले जाए। इधर माँ की धड़कनें कुछ अधिक बढ़ीं कि मेरी अपनी धड़कनें शिथिल होती सी

लगीं। मेरे हाथ-पाँव तक शिथिल होते से लगने लगे। मेरी आँख भी बन्द होने को हुई कि तभी अपने को मेरी आन्तरिक शक्ति विश्वप्रणेता और प्रकृति बतानेवाले की वह स्वरलहरी मेरे कानों में बहुत दूर से आनेवाली एक अनुगूँज की तरह सुनाई पड़ी।

—तुम घबराओ मत ! इंसान और भगवान के बीच हमेशा दरार पैदा करनेवाले की यह चाल खाली जाएगी।

—माँ कराह उठी।

—विश्वप्रणेता ! मैं अपना स्पन्दन खोने लगा हूँ।

—तुम अपने स्पन्दन को खो नहीं रहे हो विनाशन अपनी आसुरी ताकत से तुम्हारे स्पन्दनों को तुमसे छीनने में लगा हुआ है। सभी कुछ तुम पर निर्भर है अगर तुम उसे अपने स्पन्दन लूटने दोगे तो वह लूट ले जाएगा। अगर तुमने उसे लूटने नहीं दिया तो वह तुम्हारे स्पन्दन को छू भी नहीं सकता।

—अब मुझसे नहीं हो पा रहा। मैं अपने स्पन्दनों को बचाए नहीं रख पाऊँगा।

—तुम बचाना चाहोगे तो वह निशाचर लाख चाहकर भी कुछ नहीं कर पाएगा। तुम्हारा अपना अस्तित्व तुम्हारे हाथों में है।

—मेरे हाथ-पाँवों का हिलना-डुलना भी बन्द है।

—उन्हें बन्द नहीं होने देना है।

माँ के एक चीत्कार से मेरे हाथ-पाँव काँप उठे। मेरे भीतर कम्पन भी शुरू हुए पर कुछ ही क्षण के लिए। मेरे सुन पाने की शक्ति भी जाती रही।

—आनन्द ! आनन्द अपने में सुस्ती मत आने दो। कमजोरी मत आने दो। आदमी प्रहार करनेवाले की शक्ति से मात नहीं खाता वह अपनी निर्बलता से मात खाता है। तुम्हारे साथ इस समय तीन महाशक्तियाँ हैं। वे तुमसे तुम्हारे स्पन्दनों को लूटने नहीं देंगी। तुम अपने में जनमने की उमंग को वापस लाओ। माँ की कोख से बाहर होते ही तुम्हारे इससे पहले जीवन की जो धूमिल यादें हैं वे एकदम मिट जाएँगी। तुम जैसा कि मैं बता चुका हूँ एक कोरे कागज की तरह हो जाओगे। एक अन्तिम बात यह याद कर लो कि तुम धरती के एक स्वर्ग को तबाह करने निकले थे अब तुम धरती के दूसरे स्वर्ग में प्रवेश पाने जा रहे हो। इस बार तुम्हें स्वर्ग को नफरत और हिंसा छोड़कर प्रेम और आनन्द से अधिक निखारना है।

32

भोजपुरी और क्रिओली के साथ-साथ अब मैं दोनों प्रसारणों की अंग्रेजी और फ्रेंच भी कुछ-कुछ समझने लगा था। सुबह रेडियो से आनेवाले फिल्मी गानों में जो चन्द शब्द बार-बार सुनने को मिले थे वे थे प्यार, मुहब्बत, सुहाने, मधुर, आनन्द, वायदे, स्वर्ग, सुनहला, निर्मल। शाम को जब खबरें शुरू हुई तो एकदम विपरीत शब्दों के साथ—

नफरत, आत्मघाती विस्फोट, खून खराबे, दंगे-फसाद, लाशों का अम्बार, व्यभिचार, हत्या। पहली बार मेरे भीतर की सिहरन इतनी दीर्घ रही।

आगे भी मैं सुनता रहा। पहले तो पंडितों, मुल्लों और पादरियों को। उनके खोखले स्वर मेरे कानों में बजते रहे।

—हम सभी एक ही प्रभू की संतानें हैं।

—धर्म हमें प्रेम और करुणा सिखाते हैं।

—नफरत और हिंसा आदमीयत की नहीं हैवानियत की पहचान है।

फिर वह कोई फिल्म थी जिससे ये आवाज़ें आती रहीं।

—तुम काफिर हो। तुम्हें जिन्दा छोड़ दूँ तो भगवान मुझे जहन्नुम में ढकेल देगा।

—हमारे पास दुनिया का सबसे अधिक विध्वंसात्मक बम है। मिटा कर रहेंगे तुम्हें।

—हमारे पास रासायनिक हथियार है। तुम्हें तबाह कर देंगे।

—हमारे साथ दो-तिहाई दुनिया है। तुम्हारे नामोनिशान मिटा देंगे।

इन आतंक भरे नारों के बाद मैंने अपने बाप को कहते सुना।

—और यह सभी कुछ धर्म और भगवान के नाम पर हो रहा है। वर्षों में निर्मित सारी सभ्यता को मिनटों में विध्वंस करने की होड़ चल रही है।

इसके बाद मेरी फूफू बोली।

—औरों को लूट कर जिन्दा रहने की चेष्टा है यह। यह तो...

मेरी फूफू की बात अभी पूरी नहीं हुई थी कि मेरा चाचा बोल उठा।

—अपनी ताकतों की नुमाइश की जा रही है।

इधर महीने भर से हमारे इस द्वीप में जिसे देखने की मेरी बेताबी कभी बढ़ आई थी अब कुछ घटने लगी थी, हत्या, चोरी-चकारी, भ्रष्टाचार, बलात्कार और मजहबी तनाव बड़ी तेजी के साथ बढ़ आए थे।

मेरी अपनी साँसें सहम उठी थीं।

रात में मेरे शुभचिन्तक ने मेरे जनमने के हौसले को बढ़ाने के लिए कहा था।

—ऐसा बार-बार होता रहा है। बार-बार आदमी अपने अहम में पागल होकर अपने को रावण, कंस, हेरोड, जेंगिस खाँ, स्टालिन और हिटलर बना जाता है। धरती को कभी महाभारत का कुरुक्षेत्र बना जाता है तो कभी सौ वर्षीय युद्ध का मैदान, कभी पर्लहार्बर तो कभी हिरोशिमा, कभी वियतनाम तो कभी कोसोवो। कभी सामंती प्रहार तो कभी साम्राज्यवादी शोषण, कभी साम्यवादी जुनून तो कभी तानाशाही क्रूरता फिर भी धरती जीवित रही। आकाश बना रहा, मानव प्रकृति के बीच विचरता रहा और...।

विश्वप्रणेता की बात अभी पूरी नहीं हुई थी कि विनाशन चिल्ला उठा। उस चिल्लाहट में शब्द नहीं थे केवल खौफ भरी चीख थी वह। मैं दहल उठा। मेरे इस भाव को आँक कर विनाशन ने कहा।

—तुम्हारी क्या पूरी प्रकृति पूरा जहान मेरी इस चीख से दहल गए।

मुझे लगा कि मेरी माँ भी दहल उठी थी। विनाशन की चीख सुनकर नहीं पर शायद

मेरे दहल जाने की प्रक्रिया के एहसास से।

मैंने अपनी माँ को अपनी फूफू से पूछते सुना।

—बाँसुरी की यह मधुर धुन रेडियो से आ रही है क्या?

मेरी फूफू बोली।

—नहीं तो। रेडियो और टी.वी. दोनों बन्द हैं।

—आनन्द !...

मैंने सुना पर उत्तर नहीं दिया। विश्वप्रणेता ने दोबारा कहा।

—आनन्द ! तुम नींद में नहीं हो। माँ की पीड़ा से चिन्तित हो क्या?

—मेरी माँ तकलीफ में है। उसकी पीड़ा...

—काश ! बड़े हो जाने पर लोग माँ की इस पीड़ा को याद कर पाते।

—भला मैं कैसे भूल पाऊँगा अपनी माँ की इस पीड़ा को।

—यह याद तुम्हें उस समय अधिक आएगी जब तुम्हारे बच्चे की माँ वैसी ही स्थिति में होगी।

—कितनी दूर की बात करने लगे। पता नहीं वह कौन होगी।

—मैं तुम्हारे सामने उसे दोबारा लाऊँगा।

—किसे ?

—अमीना को।

—अमीना कौन ?

—तुम्हें याद नहीं होगी...ग्री-ग्री का वह प्रलयंकर समुद्र...जहाँ तुमने बच्चे को खाई में गिरने से बचाया था। मेरे चाहने पर तो वह घटना तुम्हें याद आ जानी चाहिए।

मुझे अपने माथे पर किसी के हाथ का स्पर्श अनुभव हुआ और तत्काल वह बच्चा और उसकी बहन की तस्वीरें मेरी आँखों के सामने झिलमिला उठीं और मैं पूछ उठा।

—क्या यह अमीना...

—हाँ। जब वह पहली बार तुम्हें मिली थी तो पर्यावरण की छात्रा थी। वह प्रकृति की रक्षा को अपने जीवन का सबसे बड़ा लक्ष्य बनाएगी और तुम्हारे अपने जीवन का सबसे बड़ा लक्ष्य होगा आदमी और आदमी के बीच के रिश्ते की रक्षा। जो प्रेम और करुणा के अभाव में आज टूटता जा रहा है। ठीक पर्यावरण की तरह रिश्ते भी आदमी के लोभ और हिंसा के शिकार हैं। आनन्द और अमीना की जोड़ी देश के पर्यावरण और भाईचारे की रक्षा और विकास के लिए कुछ भी बाकी नहीं छोड़ेंगी। उनका यह अभियान देश की सीमा को पार कर जाएगा।

मुझे पूछना पड़ा।

—पर यह आनन्द और अमीना की जोड़ी बनी कैसे ? मेरा मतलब है कि बनेगी कैसे ?

—अमीना का पर्यावरण-रक्षा-अभियान जब विस्तार पाने लगेगा तो 'लेक्सप्रेस' में उसकी लम्बी भेंटवार्ता चित्रों सहित देखने के बाद तुम उससे दूसरी बार के लिए मिलोगे।

दोनों को समझते देर नहीं लगेगी कि तुम्हारा और उसका उद्देश्य एक ही है। तुम आदमी और आदमी के बीच के प्रदूषण को रोकने की प्रतिबद्धता लिये हुए होगे और वह इंसान और प्रकृति के बीच के रिश्ते को बदतर होने से रोककर उसे बेहतर बनाने का संकल्प अपने में लिये होगी।

खामोशी। फिर उसके बाद प्रकृति की स्वर-लहरी फिर मेरे कानों में आई।

—अब मैं तुम्हें वह दृश्य दिखाने जा रहा हूँ जो अमीना को तीसरी बार के लिए तुम अपने घर ले जाओगे...तुम दोनों की पहली मुलाकात के दो साल बाद आज से सत्ताइस साल आगे जब तुम्हारी दादी की मृत्यु के भी दो साल हो जाएँगे। उस समय तुम्हारे परिवार में तीन नए प्राणियों के आगमन का भी लम्बा समय हो गया होगा। तुम्हारी बहन सत्रह साल की होगी, तुम्हारी चचेरी बहन उन्नीस साल की और तुम्हारा चचेरा भाई बाईस साल का। उन्हें अपनी आँखों देख लो। पर पहले सुन लो आज से बीस साल बाद लिखी जानेवाली इस कविता के धुँधलके में केवल एक दर्द भरा स्वर सुनाई पड़ा अमीना का।

झेलम के किनारे

बिन चेहरों की लाशों के सामने
साँसों की लाशें लिये मलबों के बीच
माएँ, विधवाएँ, औलादें
हड्डियों-पसलियों के बीच
कोई तलाश रहा था ताबीज़
अपनों की गरदनों में
अपने होने की पहचान
खून से सने माँसपेशियों के बीच
हाथों की उँगलियाँ ढूँढ़ रहा था कोई
नवविवाहित खोज रहा था कानों में उयाजिहोर
उँगलियाँ तो साँसों के होते काट ली गई थीं
गरदनें थीं तो ताबीज़ नदारद
ताबीज़ थी तो गरदनें नहीं
वे उयाजिहोर नहीं दिखे
वह नई-नवेली नहीं दिखी
झेलम की अधमरी लहरें
रुदाली बनी सिर धुनती रहीं
गाती रहीं तुम्बकनारी।
मजहब नहीं सिखाता मजहब ही सिखाता

दृश्य बदल गया फिर दूसरा दृश्य धीरे-धीरे साफ होकर सामने आने लगा। पहली आवाज मैंने अपनी माँ की सुनी जिसने अपनी बगल में बैठी अमीना से पूछा। कुछ इस तरह गोया उसे वर्षों से जानती हो।

—अमीना बेटी ! हम लोग तुम्हें और आनन्द को ध्यान से सुनते रहे। तुम दोनों की बातें अच्छी लगीं। इस बात की मुझे बेहद खुशी हुई कि तुम दोनों का एक ही लक्ष्य है। पर क्या तुम्हें इसका विश्वास भी है कि लोग तुम्हारे तकाजों को समझकर अपना पूरा सहयोग दे पाएँगे ?

—हाँ माँजी। मुझे ही नहीं हम दोनों को पूरा विश्वास है। हर देश में अब लोगों को पता चल गया है कि किसी पेड़ पर कुल्हाड़ी का वार उस पेड़ से कहीं अधिक आदमी के अपने पाँव पर पड़ रहा है। हवा और पानी का मूल्य पहले भी लोगों को मालूम था पर अब जबकि हर देश की नदियाँ, जल-स्रोत और झरने सूखते चले जा रहे हैं तो हर देश में त्राहि-त्राहि मचने लगी है। मल-मूत्रों तथा रासायनिक पदार्थों से समन्दर का प्रदूषण जिस तरह बढ़ता जा रहा है उससे हर देश चिन्तित है। सारे वन-उपवन उजड़ते जा रहे हैं। गाँवों की हरियाली और ताजगी मिटती जा रही है।

अमीना के रुकते ही मेरे चाचा ने कहा।

—सही कह रहे हो अब तो हर गाँव को शहर बनाने की धुन सवार है राजनेताओं के माथे। जंगलों को काटकर, नदियों को पाट कर अब हर जगह लोहे और सीमेंट के जंगल और विदेशी सैलानियों के नहाने के लिए कृत्रिम तालाब बनाए जा रहे हैं। हर जगह की कृत्रिमता के कारण सचमुच आदमी की सेहत, उसकी सुरक्षा खतरे में आ गई है। लो मैं तो खुद तुम्हारी जगह बोलने लगा अमीना।

अमीना बोली।

—हम तो यही चाह रहे हैं कि लोग समझें और बोलें। लोग अब मानने लगे हैं कि पर्यावरण की कंगाली देश की आर्थिक कंगाली से अधिक भयंकर और चिन्ताजनक होती जा रही है। हमारे अपने इस छोटे से देश में कई नदियाँ, कई झरने, कई प्राकृतिक जलाशय सभी अधसूखे पड़े हैं और कई सूखते जा रहे हैं। फैक्टरियाँ और रास्तों पर हद से ज्यादा वाहनों के कारण हवा तक में जो शुद्धता थी क्या अब वह भी है ?

—अब कहाँ ? अब तो नाक और आँखें जलने लगती हैं। दिन-भर में तीन बार भी नहा लो तो शरीर से उमस और भारीपन जाते ही नहीं। मेरी सास अपने अन्तिम दिनों में कहती रहती थी कि प्रकृति के साथ हमारी निर्ममता के कारण ही प्राकृतिक संकट और प्रकोप बढ़ते जा रहे हैं। जब भी देखो टेलीविजन पर आँधी, तूफान, सूखा, बाढ़, भूकम्प और ज्वालामुखी ही प्रमुख खबरें होती हैं। यही नहीं माँजी। हम स्वयं इन प्रकोपों को खींचकर अपने बीच लाते रहे हैं। परमाणु प्ररीक्षण की होड़, रासायनिक पदार्थों का दुरुपयोग, हवा में ऑक्सीजन को मिटाकर हम प्रकृति के अमृत को विष में बदल रहे हैं।

—आपके चेहरे पर जो लाली, जो चमक और जो ताजगी है वह आज के युवकों युवतियों के चेहरों पर देखने को नहीं मिलती।

मेरे बाप ने मुस्कुराकर कहा।

—आनन्द भी यही कहता रहता है कि हम अपनी इस धरती को वक्त से पहले जर्जर बना रहे हैं। मैं तुम्हारे और आनन्द के संकल्पों की दाद देता हूँ अमीना बेटी ! तुम समाज को प्रकृति से जोड़कर देश-धरती को स्वर्ग बनाए रखना चाहती हो और आनन्द आदमी को भाईचारे और अमन के साथ जोड़कर धरती-देश को जहन्नुम बनने से रोकना चाहता है।

मेरे बाप ने अपने चन्द शब्दों के बाद मेरी ओर देखा और मैं समझ गया कि वह मेरे लिए बोलने का संकेत था। मैंने अपने सामने बैठे अपने तीनों भाई-बहनों की ओर बारी-बारी देखकर कहा।

—मैं एक संवाद की रिहर्सल करने जा रहा हूँ जो परसों मुझे कॉलेज के कुछ छात्रों के बीच शुरू करनी है। इसलिए मैं चाहूँगा कि मैं जो संवाद यहाँ करने जा रहा हूँ उसमें तुम तीनों भी भाग लो। मेरा मानना है कि विज्ञान और धर्म ही सब कुछ नहीं है। वे बहुत कुछ हैं तभी तक जब मानव कल्याण के हित में वे विज्ञान और धर्म की मर्यादा के भीतर रहकर काम करें। पर्यावरण की इस प्रदूषित-स्थिति का जिम्मेवार काफी हद तक विज्ञान और धर्म भी है।

मेरे रुकते ही मेरे चचेरे भाई ने अमीना से कहा।

—अमीना मेरी ओर से तो तुम्हें ही बोलना है।

अमीना मुस्कुराई और बोली।

—मैं सोचती हूँ कि विज्ञान अपने प्रयोगों और जल्द-से-जल्द परिणाम की अन्धी दौड़ में प्रकृति की सुरक्षा का खयाल भूल जाता है। ठीक इसी तरह धर्म अपनी कट्टरपन्थी के कारण तहस-नहस पर उतर जाता है। दुनिया में जब-जब हथियार बने हैं। तो बनानेवालों ने यही दावा किया कि वह केवल सुरक्षा के लिए हैं, आक्रमण के लिए नहीं। लेकिन इतिहास साक्षी है कि तलवार और धनुष दोनों प्रहार के लिए उठे, बन्दूक, हथगोलों और बमों ने विध्वंस ही किया। नागासाकी और हिरोशिमा आज भी अपने प्राकृतिक वैभव को खोकर बंजर मरुभूमि बने हुए हैं। विज्ञान आखिर विनाश के औजार बनाता क्यों है और राजनीति उसे सत्ता और धर्म के नाम पर इस्तेमाल क्यों करती है ?

मैंने अपनी चचेरी बहन की ओर देखा और वह बोली।

—मेरे हिस्से का भी अमीना ही बोलेगी।

मेरे बाप ने अमीना से कहा।

—तुम ही अपने विचार दो बेटी।

—मेरे अपने खयाल में दुनिया-भर के पेड़-पहाड़, नदी-नाले, समन्दर-झरने, खेत-खलिहान, वन-उपवन सभी शान्ति, समृद्धि और प्यार के प्रतीक हैं। जल तो सभी धर्मों, सभी संस्कृतियों और वैज्ञानिक प्रयोगशालाओं तक में निर्मलता का प्रतीक है। वह चाहे गंगा का हो, थेम्स, वोलगा या सेन का हो, नाईल या कोलोराडो का हो, वह पवित्र होता है। जल हर गन्दगी को मिटानेवाला और जीवन देनेवाला होता है।

मुझे अपनी ओर देखते पाकर मेरी बहन बोली।

—प्रकृति अगर सृष्टि की शुरुआत से मानव की सेवा करती रही है तो हम उसे उजाड़ने में क्यों लगे हुए हैं ? रही बात आदमी-आदमी के बीच के अन्तर और नफरत तो जैसा कि भैया बता रहा था यह तो मजहबी पागलपन हुआ। जिस तरह एक डॉक्टर के लिए सभी रोगी, रोगी होते हैं आनन्द भैया का शुरू ही में यह कहना कितना जायज था कि डॉक्टर के लिए मरीज न तो हिन्दू होता है, न मुसलमान और न ही ईसाई। तो फिर आदमी को धर्म और राजनीति के नाम पर क्यों लड़ाते रहते हैं ? मैं तो...

मेरी बहन की बातों के बीच ही अमीना बोल उठी।

—धर्म थोड़े लड़ाता है हमें कट्टरपन्थी लड़ाते हैं। राजनीति भी हमें नहीं लड़ाती राजनेता की खुदगर्जी हमें लड़ाती है।

कुछ देर की खामोशी के बाद मेरी बहन की माँग पर अमीना ने अपनी नई कविता सुनानी शुरू की।

उम्मीद

झुलस गई हरियाली के धुँआधार माहौल में
एक अधनंगा बच्चा
आसमान से आ रहे शोर को सुन कर
अपलक ऊपर को देखता रहा।
संयुक्त राष्ट्र के उस हवाई जहाज से
कब अनाज का बोरा नीचे गिरे
कब गिरे कब वह दौड़े कब उठा ले
उजड़े घर के आँगन में
उसके परिवार में बच पायी घायल तीन जानें
तीन दिनों से आस में बैठे बच्चे की राह देख रहे
उनका सबसे छोटा बच्चा कुछ तो खाने को लेकर पहुँचे
आसमान से कुछ तो गिरे।
कुछ तो गिरे बच्चा आस लगाए रहा
कई जहाज एक साथ
उसके सिर के ऊपर से गुजरे
बच्चा चिल्ला उठा।
कुछ तो गिराओ।
अब तो अब तो
रे आसमान ! अब तो कुछ गिरे
अनाज के बोरे न सही।
बम के गोले ही गिरा दो।

इसके साथ ही एकाएक दृश्य ओझल हो गया। केवल विश्वप्रणेता का स्वर सुनाई पड़ता रहा।

—ये थी तुम्हारी और अमीना की आवाजों की प्रतिध्वनि। तुम दोनों का स्वर जुगलबन्दी होकर जहाँ एक है वहीं अनेक का स्वर बनना है इसे। पर्यावरण और आदमीयत की रक्षा तुम दोनों का धर्म होगा। तुम अब अपने जन्म के लिए बिना किसी हिचकिचाहट के तैयार हो जाओ।

मुझे अपनी ही आवाज सुनाई पड़ी।

—कुछ देर पहले मुझसे यह कहा गया है कि मौत के लिए तैयार हो जाऊँ।

33

दोपहर से माँ का उस तरह कराहना शुरू हुआ था।

जब वह अकेली होती तो वह कराहना और भी अधिक पीड़ा लिये होता। किसी के कमरे में आते ही माँ अपनी उस पीड़ा पर संयम कर जाती। शाम को माँ की उस व्याकुलता का अहसास मुझे ही सबसे पहले हुआ। जब मेरे बाप को पता चला तो उसने माँ से कहा।

—तुम्हें अस्पताल ले चलते हैं।

तुरन्त माँ कुछ नहीं बोली। बाद में जब उसने पापा को दो से तीन पैग पर पहुँचते पाया तो बोल उठी।

—लगता है आज की रात मेरे लिए बहुत लम्बी और कठिन रात होगी। कृपया आप दो से तीन पर मत जाइए। पता नहीं रात में अस्पताल के लिए निकलना पड़ गया तो...।

प्रिया ! तुम्हें याद है जीवन में पहली बार कब मैंने पाँच पैग पी थी ?

—वह रात मैं कैसे भूल सकती हूँ ? वैभवी के घर। शिवानी की पहली सालगिरह के अवसर पर।

—हाँ, उस रात उमेश इंजीनियर असेशेस्यन के एक सेमिनार में व्यस्त था। पहली बार रात के समय तुम्हारा, माँ और अंजू का ड्राइवर मुझे बनना पड़ा था। माँ तो घर लौटने के समय कार में बैठना ही नहीं चाह रही थी। बस बोलती जा रही थी कि अधिक चढ़ा लेने के कारण मैं गाड़ी चला पाने की स्थिति में था ही नहीं। माँ की बात में आकर वैभवी का पति हम लोगों को घर छोड़ने के लिए गाराज से कार निकालने भी लगा था जब तुम बोल उठी थी कि...आगे के वाक्य को माँ ने पूरा किया।

—मैंने सभी के सामने अपने विश्वास को रखते हुए कहा था कि आप बड़ी आसानी से गाड़ी चला पाने की स्थिति में हैं। पर आपको याद नहीं होगा कि ड्राइवर की सीट पर बैठते हुए आपने क्या कहा था।

—मुझे भलीभाँति याद है। बोला था कि मैं पूरे मॉरिशस का चक्कर काट आने के पूरे होश-हवास में हूँ।

—फिर भी माँ वैभवी के घर से हमारे घर तक की पूरी यात्रा के दौरान भगवान का नाम लेती रही थी और तुमसे बोलती रही थी—धीरे चलाओ ! हिसाब से बेटे...।

—ला सका था न तुम लोगों को घर वापस सही सलामत ?

—पर माँ ने कार से उतरते ही जो लम्बी साँस ली थी उससे आपको बधाई नहीं दी थी। भगवान को धन्यवाद दिया था।

आधी रात को माँ की हालत और भी नाजुक हो चली। दादी, चाचा और चाची भी कमरे में आ गए। माँ दर्द से अपने को ऐंठती रही पर मुँह से आवाज तक निकलने नहीं दी। अंजू चाची ने तुरन्त वैभवी फूफू को फोन किया। बात करने के बाद सभी को बताया कि वह सीधे विक्टोरिया अस्पताल पहुँच रही थी और हमें तत्काल वहीं पहुँचने का आदेश था। माँ की तेज धड़कनों के साथ मुझे अपनी धड़कनें भी तेज होती सी लगीं। पापा खुद ड्राइव करने की बात कर रहे थे पर चाचा ने उसकी एक भी न सुनी। चाचा के कहने पर मेरे बाप को घर पर रहने की बात माननी पड़ी। मुझे इस बात की चिन्ता हो आई थी क्योंकि पिछली बातचीत के दौरान विश्वप्रणेता जो बोल गया था वह सच होता नहीं दिख रहा था। उसने तो मुझसे यह कहा था कि मेरा जन्म घर पर होगा जबकि दादी और चाची सहारा देकर मेरी माँ को कार में बैठाने लग गए थे। चाची के सहारे कार की पिछली सीट पर माँ लेट गई। चाचा कार स्टार्ट करने ही वाला था कि माँ चीत्कार उठी।

—नहीं !

दादी को कहते सुना।

—अंजू ! जरा तौलिए देना। प्रिया को बहुत अधिक पसीना आने लगा है।

—माँ दो बार चीत्कार उठी।

—मुझे वापस चारपाई पर ले चलो।

समय लम्बा प्रतीत होने लगा।

पीड़ा के असह्य हो जाने के कारण माँ के दाँत दाँतों से टकराकर बज उठे। तभी दादी ने बड़े प्यार से कहा।

—न बेटी ! ऐसा मत करो। दाँतों को अलग करो वरना दाँत लग जाएँगे।

चाची बोली।

—हिम्मत से काम लो दीदी।

कुछ देर के लिए वह खयाल जो मेरे मन में अकस्मात् पैदा हो आया था कि उस मधुर स्वरलहरी अपने को प्रकृति और विश्वप्रणेता कहनेवाले की बात गलत प्रमाणित होने जा रही थी मिटकर रही। मेरी माँ को झट गाड़ी से उतारकर कमरे के भीतर चारपाई पर लौटाना पड़ा। मुझे यकीन हो गया कि मैं अस्पताल में नहीं घर पर ही जनमने जा रहा था। मैंने अपने बाप को चाची से कहते सुना।

—अंजू ! तुम जल्दी से वैभवी को उसके मोबाइल पर फोन करो। उसे कहो अस्पताल न पहुँचकर तुरन्त घर पहुँचे।

चाची के कोई दस मिनट बाद डॉ. फूफू पहुँच आई। अन्दाज से मुझे जानते देर नहीं लगी कि पहुँचते ही उसने माँ का शारीरिक मुआइना शुरू कर दिया। उसके इस मुआइने का अहसास मुझे भी होता रहा। लगा कि मेरी माँ की सेहत से कहीं अधिक चिन्ता घरवालों को मेरी स्थिति की थी तभी तो वैभवी फूफू का आश्वासन सुनने को मिला।

—घबराने की कोई बात नहीं बच्चे की साँसें एकदम ठीक चल रही हैं। उसकी ओर से कोई चिन्ता नहीं।

डॉक्टर फूफू के इस पिछले वाक्य ने पापा को सवाल कर जाने को मजबूर कर गया।

—और प्रिया ?

—भैया, प्रिया एकदम ठीक है। अब तुम लीविंग रूम में चलकर बैठो। मैंने प्रिया के खास डॉक्टर को फोन कर दिया है। वह अपने सीजारियन को पूरा करके सीधे यहाँ पहुँच रहा है।

चाचा यह कहते हुए पापा को अपने साथ लिए कमरे से बाहर हो गया—चलो हम दूसरे कमरे में चलते हैं। इस बात का पता मुझे माँ के कराह जाने से भी चल गया क्योंकि पापा की उपस्थिति में वह अपनी पीड़ा जाहिर करना नहीं चाहती थी। माँ और भी कराह उठी।

मुझे ऐसा लगा कि माँ जोर लगा रही थी मुझे धरती पर लाने के लिए। बात सही थी तभी तो डॉक्टर फूफू बोल उठी।

—न ! न भाभी। पुश करने की कोशिश मत करो। जल्दबाजी अच्छी नहीं रहेगी। अभी बच्चे के जनमने में कुछ समय और है। माँ ! सुजाता से कहो कि वह एक-दो साफ तौलिए और गरम पानी की व्यवस्था करे। बहुत गरम भी नहीं।

मेरी चाची शायद माँ के सिरहाने बैठी थी। मैंने उसे माँ के कान में कहते सुना।

—हिम्मत से काम लो।

डॉक्टर फूफू ने चाची से कहा।

—अंजू तुम भाभी को चुप मत रहने दो। उससे बातें करते रहो।

घर के भीतर चल रही बातें एकाएक धीमी पड़कर अनसुनी हो गईं। उसकी जगह मैंने अपनी आन्तरिक शक्ति जगप्रणेता का स्वर सुना।

—आनन्द यह मेरे-तेरे संवाद का अन्तिम दिन है।

—मेरी माँ अधिक बीमार हो गई है कहीं...

—तुम्हारी माँ एकदम ठीक है।

—तो फिर इस घर में इतनी खलबली क्यों मची हुई है ?

—बच्चे के जन्म के समय हर घर में ऐसा ही होता है। चूँकि आज की इस

साक्षात्कार के बाद अब मेरी-तेरी भेंट आज से पचहत्तर साल बाद होगी। जब धरती पर अपने अभियान को पूरा करके तुम मुझ तक लौटोगे।

—फिर से जन्म लेने के लिए।

—यह तो इस बात पर निर्भर है कि तुम अपने कार्यों में कहाँ तक सफल होगे।

—तुम्हें तो सभी कुछ मालूम होना चाहिए।

—यह मत भूलो कि हर आदमी को एक खास आजादी दी जाती है। इस आजादी का कुछ लोग सही लाभ उठाते हैं और कुछ लोग गलत। तुम अपनी आजादी का गलत इस्तेमाल इसलिए नहीं कर पाओगे क्योंकि तुम्हारी बगल में अमीना होगी। और अन्तिम घड़ी में तुम्हारी और अमीना की बेटी तुम्हारे मिशन को आगे बढ़ाएगी। आनन्द ! चन्द मिनटों में तुम जन्म जाओगे। नए जीवन के लिए तुम्हें मेरी समस्त शुभकामनाएँ हैं। इस कामना को सभी लोग सँजोकर नहीं रख पाते। पर तुम इसे रख पाओगे इसका मुझे अटल विश्वास है। तुम्हारे जनमते ही तुम्हारे अतीत की सारी झलकियाँ और भविष्य के देखे हुए दृश्य मरकर मुझमें समा जाएँगे। प्रथम क्षण को मैं जन्म देता हूँ इससे आगे के सभी क्षणों को तुम जन्म दोगे। हर एक जन्म के पीछे प्रकृति की यही आशा रहती है कि अभी धरती पर से मानवता का पूर्ण समापन नहीं हुआ है। इसी 'एक उम्मीद और' के साथ तुम धरती पर जा रहे हो। तुम्हारा मिशन विश्व के उन चुने हुए समर्पित व्यक्तियों से जुड़कर धरती पर पर्यावरण और आदमी की आदमियत की रक्षा करना है। अभी भी समय है सर्वनाश रोकने के लिए। अभी भी समय है। शान्ति, विश्वबन्धुत्व और प्राकृतिक सुषमाओं की रक्षा हो सकती है। विषाक्त वातावरण में अभी भी प्रेम और आनन्द का शीतल समीर बह सकता है। तुम्हारी माँ का खास डॉक्टर आ गया। तुम्हारे जन्म में अब केवल सात मिनट बाकी हैं। विनाश की कगार पर खड़ी दुनिया को तुमसे एक उम्मीद और।

वह पहले दिनवाले आगमन-संगीत के साथ स्वर-लहरी दूर जाती रही और मैं अपने घर की आपाधापी का सम्मिश्रित स्वर को सुनता रहा। विशेष डॉक्टर की आवाज सुनाई पड़ी।

—डॉक्टर वैभवी ! मैं एकदम वक्त पर पहुँचा हूँ। तुम दाईं ओर हो जाओ। प्रिया ! प्रिया। तुम अपने को शिथिल छोड़ दो। प्लीज प्रिया...वैभवी कृपया एक हाथ से मेरा यह दस्ताना थोड़ा और नीचे खींच दो...ओके...एवरीथिंग इज नोर्मल। प्रिया !... संयम...एक-दो...प्रिया देखो मेरे पाँच गिनते ही बच्चा मेरे हाथों से मेरी बाँहों में आ जाएगा। वैभवी तौलिए तैयार हैं...ओके...लेट्स गो...तीन-चार-पाँच...

एकाएक मेरे सुनने की शक्ति धीमी पड़ती गई...गोया कि बहुत दूर से आती हुई मेरी दादी की आवाज कुछ-कुछ सुनाई पड़ी।

—क्या है डॉक्टर ?

—डरने की कोई बात नहीं...सब ठीक हो जाएगा।

—बच्चा रोया क्यों नहीं ? आँखें भी बन्द हैं इसकी।

—डॉक्टर वैभवी ठंडा पानी मँगवाओ।

सभी आवाजें बहुत दूर से आती प्रतीत हो रही थीं। इस बार मेरी चाची की आवाज सुनाई पड़ी।

—यह रहा ठंडा पानी।

—वैभवी छींटे दो...

—...

—गालों पर हल्के थप्पड़ दो।

—...

—फिर से।

—...

—मेरे बैग में एंडोक्रेकियल ट्यूब है जल्दी से दो। ऑक्सीजन की कमी है इंट्यूबेसन की जरूरत है।

आगे वे लोग कुछ कर पाते कि मैंने अचानक अपने रोने की आवाज सुनी। उसके साथ ही थाली बजने की आवाज और कई लोगों की खुशियाँ एक साथ फव्वारे की तरह कमरे में फूट पड़ीं।

मैं जन्म गया।

●●●